会计零基础快速入门

轻松搞懂
财务报表
编制与分析

孟南　刘蓉　主编

化学工业出版社

·北京·

内容简介

无论是投资人、管理决策者、经营者，还是监督部门，对企业的财务报表都十分关注，财务报表的作用和价值不言而喻。本书围绕财务报表的组成结构、编制步骤、分析策略、解读方法进行全面而细致的讲解。使读者通过阅读本书可以轻松搞懂报表编制，同时可以通过财务报表数据分析公司偿债能力、营运能力、盈利能力及发展能力，并对公司整体进行综合评价。

本书可供基层财务岗位总账报表会计、企业财务负责人、公司管理层、投资人以及监管者阅读参考。

图书在版编目（CIP）数据

轻松搞懂财务报表编制与分析 / 孟南，刘蓉主编.
北京：化学工业出版社，2024. 12. --（会计零基础快速入门）. -- ISBN 978-7-122-44809-5

Ⅰ. F231.5

中国国家版本馆 CIP 数据核字第 2024H418L9 号

责任编辑：张林爽 　　　　　文字编辑：徐　秀　师明远
责任校对：张茜越 　　　　　装帧设计：孙　沁

出版发行：化学工业出版社
　　　　　（北京市东城区青年湖南街 13 号　邮政编码 100011）
印　　装：北京云浩印刷有限责任公司
710mm×1000mm　1/16　印张 12½　字数 207 千字
2025 年 5 月北京第 1 版第 1 次印刷

购书咨询：010-64518888 　　　　售后服务：010-64518899
网　　址：http://www.cip.com.cn
凡购买本书，如有缺损质量问题，本社销售中心负责调换。

定　价：68.00 元

前言

会计的工作就是一个轮回，而工作的尽头是财务报表的编制和分析，即把审核、填制凭证、登记账簿等多而分散的工作进行归集整理、加工、汇总，并按照固定的格式进行编制，集中地、简明扼要地反映公司经营过程的全貌，为有关方面提供总括性的会计信息，并评价经营业绩和规划未来活动。

目前，执行企业会计准则的非金融企业中，尚未执行新金融准则和新收入准则的企业应当按照企业会计准则和"一般企业财务报表格式（适用于尚未执行新金融准则和新收入准则的企业）"的要求编制财务报表；已执行新金融准则和新收入准则的企业应当按照企业会计准则和"一般企业财务报表格式（适用于已执行新金融准则和新收入准则的企业）"的要求编制财务报表。

本书共 10 章，分别对编制报表和分析报表进行讲解。

第 1 章：财务报表的编制与分析概述。介绍财务报表的作用、分类、格式，财务报表编制的要求和注意事项，财务报表分析的作用和目的。

第 2 章：资产负债表的编制。介绍资产负债表的项目及其填列方法。

第 3 章：利润表的编制。介绍利润表的项目及其填列方法。

第 4 章：现金流量表的编制。介绍现金流量表的项目及其填列方法。

第 5 章：所有者权益变动表和财务报表附注的编制。介绍所有者权益变动表的项目及填列方法，财务报表附注的编制形式和内容等。

第 6 章：偿债能力分析。介绍短期偿债能力分析和长期偿债能力分析的影响因素及其分析指标。

第 7 章：营运能力分析。分别介绍流动资产周转情况分析、固定资产周转情况分析和总资产营运能力分析的内容及其分析指标。

第 8 章：盈利能力分析。分别介绍投资有关的盈利能力分析、销售有关的盈利能力分析、股本有关的盈利能力分析等内容及其分析指标。

第 9 章：发展能力分析。介绍竞争能力分析、周期分析、综合指标分析等内容及其分析指标。

第 10 章：企业财务综合评价与分析。介绍杜邦分析法的内容及其财务指标。

在每章的后面安排【案例解读】，包括"案例描述""案例要求"和"案例分析"，能让读者在理论学习的基础上进行实践。为了容易理解，案例中使用小企业财务报表的格式。

本书由孟南、刘蓉任主编，负责全书的统稿及审核修改。刘蓉及中国财政科学研究院王嘉龙负责第 1 章、第 5 章编写工作，孟南及北京劳动保障职业学院财务处陈丽梅、郭泽龙、马悦、周冬梅、刘荣和王艳负责其余章节内容资料收集和编写工作，其中孟南、郭泽龙负责第 2、3 章，刘荣负责第 4 章，周冬梅负责第 6、7 章，马悦负责第 8 章，王艳负责第 9 章，陈丽梅负责第 10 章。

由于编者水平有限和时间紧迫，书中难免有疏漏和不妥之处，请广大读者批评指正。

编者

目录

第 1 章
财务报表的编制与分析概述 //1

第2章
资产负债表的编制 //34

第3章
利润表的编制 //54

第4章
现金流量表的编制 //64

第5章
所有者权益变动表和财务报表附注的编制 //83

第6章
偿债能力的分析 //94

第7章
营运能力分析 //120

第8章
盈利能力分析 //138

第9章
发展能力分析 //162

第10章
企业财务综合评价与分析 //181

第 1 章
财务报表的编制与
分析概述

- · 什么是财务报表?
- · 财务报表包含哪些内容和格式?
- · 如何编制财务报表?
- · 什么又是财务报表分析?

1.1 财务报表概述

财务报表也称会计报表，即根据一定时期（例如月、季、年）的会计记录，按照规定的格式和种类编制的反映企业某一特定日期财务状况和某一会计期间经营成果、现金流量的总结性书面文件。它是企业财务报告的重要组成部分，是企业向外传递会计信息的主要手段。

1.1.1 财务报表的作用

（1）财务报表的作用

在现代企业中，财务报表汇总了公司过去的业绩情况，并把这些财务信息传递给信息使用者，使信息使用者更加准确地评定企业的价值。财务报表对使用者的影响与重要性显而易见，其作用主要包括四点：

① 引导与优化资源配置。

② 揭示和协调风险与收益的辩证关系。

③ 适时调整发展战略和有效实施管理策略。

④ 反映、评价企业管理者的受托经营责任和业绩。

（2）财务报表的使用者及其关注点

不同的使用者对财务报表的关注点是不一样的。

① 投资者：包括现存投资者以及潜在投资者。投资者阅读财务报表侧重的是获利能力、投资回报率以及经营风险水平。毕竟未来稳健而高效的回报是他们最为关切的事情。

② 债权人：包括银行、非银行金融机构、企业债券的购买者。债权人关注企业有多少资产可以作为偿还债务的保证，特别是企业有多少可以立即变现的资产作为偿付债务的保证。

③ 经营者：经营者负责企业的日常经营活动，必须确保公司支付给股东与风险相适应的投资回报。经营者不仅关心企业经营成果，更关心企业财务状况变化原因和企业经营发展趋势。

④ 政府监管部门：包括财政、税务、国有资产管理委员会和企业主管部门。各自的侧重点不同，比如税务部门关注的是企业生产经营成果和税源，国有资产管

理委员会侧重掌握、监控企业国有资产保值增值。

1.1.2 财务报表的分类

1.1.2.1 财务报表的三大分类

（1）按服务对象分类

财务报表按服务对象可以分为外部报表和内部报表。

① 外部报表　外部报表是企业必须定期编制，并向上级主管部门、投资者、财税部门等报送或按规定向社会公布的财务报表。这是一种主要的，定期规范化的财务报表。它要求有统一的报表格式、指标体系和编制时间等。如资产负债表、利润表和现金流量表等。

② 内部报表　内部报表是企业根据其内部经营管理的需要而编制，供其内部管理人员使用的财务报表。它不要求统一格式，没有统一指标体系。

（2）按编制和报送的时间分类

财务报表按编制和报送的时间分为中期财务报表和年度财务报表。

① 中期财务报表指以中期为基础编制的财务报表，分为月报（月度报表）、季报（季度报表）和半年报（半年度报表）。中期财务报表至少应当包括资产负债表、利润表、现金流量表和附注（三表一注）。

② 年度财务报表是以会计年度为基础编制的财务报表，全面反映企业整个会计年度的经营成果、现金流量情况及年末财务状况。

（3）按照编报主体分类

财务报表按照编报主体可以分为个别财务报表和合并财务报表。

① 个别财务报表是指反映母公司所属子公司财务状况、经营成果和现金流量的财务报表。

② 合并财务报表是指反映母公司和其全部子公司形成的企业集团整体财务状况、经营成果和现金流量的财务报表。

1.1.2.2 一套完整的财务报表

（1）财务报表的"四表一注"

一套完整的财务报表应当包括"四表一注"。"四表"即资产负债表、利润表、现金流量表和所有者权益变动表，"一注"是指财务报表附注，还有一个是财务报告信息披露。

① 资产负债表　资产负债表是反映企业在某一特定日期的财务状况的报表，是对企业特定日期的资产、负债和所有者权益的结构性表述。它反映企业在某一特定日期所拥有或控制的经济资源、所承担的现时义务和所有者对净资产的要求权。

② 利润表　利润表是反映企业一定会计期间生产经营成果（收入、支出、利润等情况）的财务报表。

③ 现金流量表　现金流量表是反映企业在一定会计期间现金和现金等价物流入和流出的报表，表明企业获得现金和现金等价物的能力。

④ 所有者权益变动表　所有者权益变动表是反映公司本期（年度或中期）内截至期末所有者权益变动情况的报表，所有者权益变动表应当全面反映一定时期所有者权益变动的情况。

⑤ 财务报表附注　财务报表附注，指对在资产负债表、利润表、现金流量表和所有者权益变动表等报表中列示项目的文字描述或明细资料，以及对未能在这些报表中列示项目的说明等。

⑥ 财务报告信息披露　财务报告信息披露又称会计信息披露，是指企业对外发布有关其财务状况、经营成果、现金流量等财务信息的过程。财务报告信息披露主要是指财务报表附注的披露。

（2）财务报表的"三大金刚"

资产负债表、利润表、现金流量表这"三大金刚"，分别从不同角度来反映企业的财务状况、经营成果和现金流量。

① 联系

a. 资产负债表、利润表不能全面地反映财务报表使用者所需要的全部信息。

·资产负债表反映企业某一特定日期的财务状况，说明某一特定日期资产和权益变动的结果，可以显示企业是否具有偿债能力，但它不能反映财务状况的变动。虽然通过两个或几个特定日期的资产负债表的比较，能够在一定程度上反映企业财务状况的变动，但不能说明变动的原因。

·利润表能够反映企业本期经营活动的成果，可用于衡量获取利润的能力，但它不能说明企业从经营活动中获得了多少可供周转使用的现金，它能够说明本期筹资活动和投资活动的损益，但不能说明筹资活动和投资活动提供或运用了多少现金。

b. 资产负债表和利润表的缺陷被现金流量表填补上了。

② 区别

编制资产负债表、利润表和现金流量表的区别主要是确认的基础不同。

a. 资产负债表、利润表遵循的是权责发生制。

b. 现金流量表遵循的是收付实现制。

1.1.3 资产负债表简介

资产负债表是企业经营活动的静态体现，它是反映企业在某一特定日期的财务状况的报表，并且诠释了"资产＝负债＋所有者权益"这一平衡公式。

1.1.3.1 资产负债表的作用

资产负债表的主要作用有：

① 全面揭示企业的资产、负债、所有者权益总额及其构成情况。

② 提供财务分析的基本资料，有助于报表使用者进一步分析企业的生产经营稳定性、偿债能力、资本结构等财务指标，分析及预测企业生产经营安全程度和抗风险的能力。

③ 有助于财务报表的使用者分析、评价企业的盈利能力。

1.1.3.2 资产负债表的格式

（1）结构原理

资产负债表是根据"资产＝负债＋所有者权益"这一平衡公式，以各具体项目的性质和功能作为分类标准，依次将某一特定日期的资产、负债、所有者权益的具体项目予以适当地排列编制而成。

① 资产负债表的组成部分　资产负债表一般由表首、表体两部分组成。

a. 表首部分应列明报表名称、编制单位名称、资产负债表日、报表编号和计量单位。

b. 表体部分是资产负债表的主体，列示了用以说明企业财务状况的各个项目。

② 资产负债表的表体格式　资产负债表的表体格式一般有两种：报告式资产负债表和账户式资产负债表。

a. 报告式资产负债表是上下结构，上半部分列示资产各项目，下半部分列示负债和所有者权益各项目。

b.账户式资产负债表是左右结构，左边列示资产各项目，反映全部资产的分布及存在状态；右边列示负债和所有者权益各项目，反映全部负债和所有者权益的内容及构成情况。

不管采取什么格式，资产各项目的合计一定等于负债和所有者权益各项目的合计。

（2）格式

一般企业资产负债表格式分为两种：按尚未执行新金融准则和新收入准则的企业，以及已执行新金融准则和新收入准则的企业。

① 尚未执行新金融准则和新收入准则的企业的资产负债表格式

一般企业资产负债表格式（尚未执行新金融准则和新收入准则的企业）如表1-1所示。如果是高危行业企业，如有按国家规定提取的安全生产费的，应当在资产负债表所有者权益项下"其他综合收益"项目和"盈余公积"项目之间增设"专项储备"项目，反映企业提取的安全生产费期末余额。

表1-1 资产负债表（尚未执行新金融准则和新收入准则的企业）

会企 01 表

编制单位：　　　　　　　　　　　　　　　　　　年　月　日　　　　　　　　　　　　　　单位：元

资产	期末余额	年初余额	负债和所有者权益（或股东权益）	期末余额	年初余额
流动资产：			流动负债：		
货币资金			短期借款		
以公允价值计量且其变动计入当期损益的金融资产			以公允价值计量且其变动计入当期损益的金融负债		
衍生金融资产			衍生金融负债		
应收票据及应收账款			应付票据及应付账款		
预付款项			预收款项		
其他应收款			应付职工薪酬		
存货			应交税费		
持有待售资产			其他应付款		
一年内到期的非流动资产			持有待售负债		
其他流动资产			一年内到期的非流动负债		
流动资产合计			其他流动负债		

资产	期末余额	年初余额	负债和所有者权益（或股东权益）	期末余额	年初余额
非流动资产：			流动负债合计		
可供出售金融资产			非流动负债：		
持有至到期投资			长期借款		
长期应收款			应付债券		
长期股权投资			其中：优先股		
投资性房地产			永续债		
固定资产			长期应付款		
在建工程			预计负债		
生产性生物资产			递延收益		
油气资产			递延所得税负债		
无形资产			其他非流动负债		
开发支出			非流动负债合计		
商誉			负债合计		
长期待摊费用			所有者权益（或股东权益）：		
递延所得税资产			实收资本（或股本）		
其他非流动资产			其他权益工具		
非流动资产合计			其中：优先股		
			永续债		
			资本公积		
			减：库存股		
			其他综合收益		
			盈余公积		
			未分配利润		
			所有者权益（或股东权益）合计		
资产总计			负债和所有者权益（或股东权益）合计		

② 已执行新金融准则和新收入准则的企业的资产负债表格式

资产负债表格式（已执行新金融准则和新收入准则的企业）如表 1-2 所示。

表 1-2　资产负债表（已执行新金融准则和新收入准则的企业）

会企 01 表

编制单位：　　　　　　　　　　　　　　　　　年　月　日　　　　　　　　　　　　单位：元

资产	期末余额	年初余额	负债和所有者权益（或股东权益）	期末余额	年初余额
流动资产：			流动负债：		
货币资金			短期借款		
交易性金融资产			交易性金融负债		
衍生金融资产			衍生金融负债		
应收票据及应收账款			应付票据及应付账款		
预付款项			预收款项		
其他应收款			合同负债		
存货			应付职工薪酬		
合同资产			应交税费		
持有待售资产			其他应付款		
一年内到期的非流动资产			持有待售负债		
其他流动资产			一年内到期的非流动负债		
流动资产合计			其他流动负债		
非流动资产：			流动负债合计		
债权投资			非流动负债：		
其他债权投资			长期借款		
长期应收款			应付债券		
长期股权投资			其中：优先股		
其他权益工具投资			永续债		
其他非流动金融资产			长期应付款		
投资性房地产			预计负债		
固定资产			递延收益		
在建工程			递延所得税负债		
生产性生物资产			其他非流动负债		
油气资产			非流动负债合计		
无形资产			负债合计		
开发支出			所有者权益（或股东权益）：		
商誉			实收资本（或股本）		
长期待摊费用			其他权益工具		
递延所得税资产			其中：优先股		
其他非流动资产			永续债		
非流动资产合计			资本公积		
			减：库存股		
			其他综合收益		
			盈余公积		
			未分配利润		
			所有者权益（或股东权益）合计		
资产总计			负债和所有者权益（或股东权益）合计		

（3）小企业的资产负债表格式

小企业的资产负债表如表 1-3 所示。

表 1-3　资产负债表（小企业）

会小企 01 表

编制单位：　　　　　　　　　　　　　　　年　月　日　　　　　　　　　　　　单位：元

资产	行次	期末余额	年初余额	负债和所有者权益	行次	期末余额	年初余额
流动资产：				流动负债：			
货币资金	1			短期借款	31		
短期投资	2			应付票据	32		
应收票据	3			应付账款	33		
应收账款	4			预收账款	34		
预付账款	5			应付职工薪酬	35		
应收股利	6			应交税费	36		
应收利息	7			应付利息	37		
其他应收款	8			应付利润	38		
存货	9			其他应付款	39		
其中：原材料	10			其他流动负债	40		
在产品	11			流动负债合计	41		
库存商品	12			非流动负债：			
周转材料	13			长期借款	42		
其他流动资产	14			长期应付款	43		
流动资产合计	15			递延收益	44		
非流动资产：				其他非流动负债	45		
长期债券投资	16			非流动负债合计	46		
长期股权投资	17			负债合计	47		
固定资产原价	18						
减：累计折旧	19						
固定资产账面价值	20						
在建工程	21						
工程物资	22						
固定资产清理	23						
生产性生物资产	24			所有者权益：			
无形资产	25			实收资本（或股本）	48		
开发支出	26			资本公积	49		
长期待摊费用	27			盈余公积	50		
其他非流动资产	28			未分配利润	51		
非流动资产合计	29			所有者权益合计	52		
资产总计	30			负债和所有者权益总计	53		

1.1.4 利润表简介

利润表是指反映企业在一定会计期间经营成果的报表。利润表里的项目即会计科目中的损益类科目，这就是利润表也称为损益表的原因。

1.1.4.1 利润表的作用

利润表的主要作用有：

① 有利于分析企业的经营成果和获利能力。

② 有助于考核企业管理人员的经营业绩。

③ 有助于预测企业未来利润和现金流量。

④ 有助于企业管理人员的未来决策。

1.1.4.2 利润表的格式

（1）结构原理

① 利润表的组成部分 利润表一般由表首、表体两部分组成。

a. 表首。表首部分应列明报表名称、编制单位名称、编制日期、报表编号和计量单位。

b. 表体。表体部分是利润表的主体，列示了形成经营成果的各个项目和计算过程。其基本结构主要根据"收入－费用＝利润"平衡公式，以各具体项目的性质和功能作为分类标准，依次将某一会计期间的收入、费用和利润的具体项目予以适当的排列编制而成。

② 利润表的表体格式 利润表的表体格式包括单步式利润表和多步式利润表。我国企业的利润表采用多步式格式。

a. 单步式利润表是将当期所有的收入列在一起，所有的费用列在一起，然后将两者相减得出当期净损益。

b. 多步式格式，即通过对当期的收入、费用、支出项目按性质加以归类，按利润形成的主要环节列示一些中间性利润指标，分步计算当期净损益，以便财务报表使用者理解企业经营成果的不同来源。

③ 为了使财务报表使用者通过比较不同期间利润的实现情况，判断企业经营成果的未来发展趋势，企业需要提供比较利润表。为此，利润表金额栏分为"本期金额"和"上期金额"两栏分别填列。

（2）格式

一般企业利润表格式同样按尚未执行新金融准则和新收入准则的企业以及已执行新金融准则和新收入准则的企业分为两种。

① 尚未执行新金融准则和新收入准则的企业的利润表格式 利润表格式（尚未执行新金融准则和新收入准则的企业）如表 1-4 所示。

表 1-4 利润表（尚未执行新金融准则和新收入准则的企业）

会企 02 表

编制单位：　　　　　　　　　　　　　　　　年　月　日　　　　　　　　　单位：元

项目	本期金额	上期金额
一、营业收入		
减：营业成本		
税金及附加		
销售费用		
管理费用		
研发费用		
财务费用		
其中：利息费用		
利息收入		
资产减值损失		
加：其他收益		
投资收益（损失以"-"号填列）		
其中：对联营企业和合营企业的投资收益		
公允价值变动收益（损失以"-"号填列）		
资产处置收益（损失以"-"号填列）		
二、营业利润（亏损以"-"号填列）		
加：营业外收入		
减：营业外支出		
三、利润总额（亏损总额以"-"号填列）		
减：所得税费用		
四、净利润（净亏损以"-"号填列）		
（一）持续经营净利润（净亏损以"-"号填列）		
（二）终止经营净利润（净亏损以"-"号填列）		
五、其他综合收益的税后净额		
（一）不能重分类进损益的其他综合收益		
1.重新计量设定受益计划变动额		
2.权益法下不能重分类转损益的其他综合收益		
……		
（二）将重分类进损益的其他综合收益		
1.权益法下可转损益的其他综合收益		

项目	本期金额	上期金额
2. 可供出售金融资产公允价值变动损益		
3. 持有至到期投资重分类为可供出售金融资产损益		
4. 现金流量套期损益的有效部分		
5. 外币财务报表折算差额		
……		
六、综合收益总额		
七、每股收益		
（一）基本每股收益		
（二）稀释每股收益		

② 已执行新金融准则和新收入准则的企业的利润表格式　利润表格式（已执行新金融准则和新收入准则的企业）如表 1-5 所示。

表 1-5　利润表（已执行新金融准则和新收入准则的企业）

会企 02 表

编制单位：　　　　　　　　　　　　　　年　月　日　　　　　　　　　单位：元

项目	本期金额	上期金额
一、营业收入		
减：营业成本		
税金及附加		
销售费用		
管理费用		
研发费用		
财务费用		
其中：利息费用		
利息收入		
资产减值损失		
信用减值损失		
加：其他收益		
投资收益（损失以"-"号填列）		
其中：对联营企业和合营企业的投资收益		
净敞口套期收益（损失以"-"号填列）		
公允价值变动收益（损失以"-"号填列）		
资产处置收益（损失以"-"号填列）		
二、营业利润（亏损以"-"号填列）		
加：营业外收入		
减：营业外支出		
三、利润总额（亏损总额以"-"号填列）		
减：所得税费用		

项目	本期金额	上期金额
四、净利润（净亏损以"-"号填列）		
（一）持续经营净利润（净亏损以"-"号填列）		
（二）终止经营净利润（净亏损以"-"号填列）		
五、其他综合收益的税后净额		
（一）不能重分类进损益的其他综合收益		
1. 重新计量设定受益计划变动额		
2. 权益法下不能重分类转损益的其他综合收益		
3. 其他权益工具投资公允价值变动		
4. 企业自身信用风险公允价值变动		
……		
（二）将重分类进损益的其他综合收益		
1. 权益法下可转损益的其他综合收益		
2. 其他债权投资公允价值变动		
3. 金融资产重分类计入其他综合收益的金额		
4. 其他债权投资信用减值准备		
5. 现金流量套期储备		
6. 外币财务报表折算差额		
……		
六、综合收益总额		
七、每股收益		
（一）基本每股收益		
（二）稀释每股收益		

③ 小企业的利润表格式　与企业会计准则下的利润表不同，目前小企业的利润表中暂时还是"营业税金及附加"项目，而且把其中的"税金及附加""销售费用""管理费用""财务费用"等项目列有部分明细，如表1-6所示。

表1-6　利润表（小企业）

会小企02表

编制单位：　　　　　　　　　　　　　　　　年　月　　　　　　　　　单位：元

项目	行次	本月金额	本年累计金额
一、营业收入	1		
减：营业成本	2		
营业税金及附加	3		
其中：消费税	4		
营业税	5		
城市维护建设税	6		
资源税	7		

项目	行次	本月金额	本年累计金额
土地增值税	8		
城镇土地使用税、房产税、车船税、印花税	9		
教育费附加、矿产资源补偿费、排污费	10		
销售费用	11		
其中：商品维修费	12		
广告费和业务宣传费	13		
管理费用	14		
其中：开办费	15		
业务招待费	16		
研究费用	17		
财务费用	18		
其中：利息费用（收入以"-"号填列）	19		
加：投资收益（损失以"-"号填列）	20		
二、营业利润（亏损以"-"号填列）	21		
加：营业外收入	22		
其中：政府补助	23		
减：营业外支出	24		
其中：坏账损失	25		
无法收回的长期债券投资损失	26		
无法收回的长期股权投资损失	27		
自然灾害等不可抗力因素造成的损失	28		
税收滞纳金	29		
三、利润总额（亏损总额以"-"号填列）	30		
减：所得税费用	31		
四、净利润（净亏损以"-"号填列）	32		

1.1.5　现金流量表简介

现金流量表，是指反映企业在一定会计期间现金和现金等价物流入和流出的报表。它是以资产负债表和利润表等会计核算资料为依据，按照收付实现制会计基础要求对现金流量的结构性表述，揭示企业在一定会计期间获取现金及现金等价物的能力。

现金等价物，是指企业持有的期限短（从购买日起三个月内到期）、流动性强、易于转换为已知金额现金、价值变动风险很小的投资。

1.1.5.1 现金流量表的作用

现金流量表的主要作用有：

① 反映企业的现金流量，评价企业未来产生现金净流量的能力。

② 评价企业偿还债务、支付投资利润的能力，谨慎判断企业财务状况。

③ 分析净收益与现金流量间的差异，并解释差异产生的原因。

④ 通过对现金投资与融资、非现金投资与融资的分析，全面了解企业财务状况。

1.1.5.2 现金流量表的格式

（1）结构原理

现金流量表的基本结构根据"现金流入量－现金流出量＝现金净流量"公式设计。

现金流量包括现金流入量、现金流出量、现金净流量。根据企业业务活动的性质和现金流量的功能，主要现金流量可以分为三类并在现金流量表中列示，即：经营活动产生的现金流量、投资活动产生的现金流量和筹资活动产生的现金流量。

① 经营活动产生的现金流量：指与销售商品、提供劳务有关的活动产生的现金流量，包括企业投资活动和筹资活动以外的所有交易和事项产生的现金流量。如销售商品收到现金、购买商品支付现金、经营性租赁、制造产品、广告宣传、缴纳税款等。

② 投资活动产生的现金流量：指与非流动资产的取得或处置有关的活动产生的现金流量，包括企业长期资产的购建和不包括在现金等价物范围内的投资及其处置活动产生的现金流量，如购买股票或债券支付现金、销售长期投资收回现金、购建或处置固定资产、无形资产等。

③ 筹资活动产生的现金流量：指导致企业资本及债务规模和构成发生变动的活动产生的现金流量。如向银行借入款项收到现金、归还银行借款支付现金、吸收投资、发行股票、分配利润等。

（2）格式

现金流量表的格式，是指现金流量表结构内容的编排顺序和方式。现金流量表的格式应有利于反映企业业务活动的性质和现金流量的来源，其基本原理是将以权责发生制为基础编制的资产负债表和利润表资料按照收付实现制基础调整计算编制现金流量表。调整计算方法通常有直接法和间接法两种。

直接法，是指通过现金收入和现金支出的主要类别列示企业经营活动现金流量的一种方法。间接法，是指将净利润调整为经营活动现金流量的一种方法。

由此可见，直接法是以利润表中的营业收入为起算点调整计算经营活动产生的现金流量净额，而间接法则是以净利润为起算点调整计算经营活动产生的现金流量净额，二者的结果是一致的。

按照我国现行会计准则规定，企业应当采用直接法列示经营活动产生的现金流量。

同时规定，企业应当在附注中披露将净利润调整为经营活动现金流量的信息。

① 一般企业的现金流量表格式　一般企业现金流量表格式如表 1-7 所示。

表 1-7　现金流量表（一般企业）

会企 03 表

编制单位：　　　　　　　　　　　　　　　　　　　　　　年　月　　　　　　　　　　　　　　单位：元

项目	本期金额	上期金额
一、经营活动产生的现金流量		
销售商品、提供劳务收到的现金		
收到的税费返还		
收到其他与经营活动有关的现金		
经营活动现金流入小计		
购买商品、接受劳务支付的现金		
支付给职工以及为职工支付的现金		
支付的各项税费		
支付其他与经营活动有关的现金		
经营活动现金流出小计		
经营活动产生的现金流量净额		
二、投资活动产生的现金流量		
收回投资收到的现金		
取得投资收益收到的现金		
处置固定资产、无形资产和其他长期资产收回的现金净额		
处置子公司及其他营业单位收到的现金净额		
收到其他与投资活动有关的现金		
投资活动现金流入小计		
购建固定资产、无形资产和其他长期资产支付的现金		
投资支付的现金		
取得子公司及其他营业单位支付的现金净额		
支付其他与投资活动有关的现金		
投资活动现金流出小计		

项目	本期金额	上期金额
投资活动产生的现金流量净额		
三、筹资活动产生的现金流量		
吸收投资收到的现金		
取得借款收到的现金		
收到其他与筹资活动有关的现金		
筹资活动现金流入小计		
偿还债务支付的现金		
分配股利、利润或偿付利息支付的现金		
支付其他与筹资活动有关的现金		
筹资活动现金流出小计		
筹资活动产生的现金流量净额		
四、汇率变动对现金及现金等价物的影响		
五、现金及现金等价物净增加额		
加：期初现金及现金等价物余额		
六、期末现金及现金等价物余额		

② 小企业现金流量表格式　小企业会计准则下的现金流量表如表 1-8 所示。

表 1-8　现金流量表（小企业）

会小企 03 表

编制单位：　　　　　　　　　　　　　　　　　年　月　　　　　　　　　　单位：元

项目	行次	本年累计金额	本月金额
一、经营活动产生的现金流量			
销售产成品、商品，提供劳务收到的现金	1		
收到其他与经营活动有关的现金	2		
购买原材料、商品，接受劳务支付的现金	3		
支付的职工薪酬	4		
支付的税费	5		
支付其他与经营活动有关的现金	6		
经营活动产生的现金流量净额	7		
二、投资活动产生的现金流量			
收回短期投资、长期债券投资和长期股权投资收到的现金	8		
取得投资收益收到的现金	9		
处置固定资产、无形资产和其他非流动资产收回的现金净额	10		
短期投资、长期债券投资和长期股权投资支付的现金	11		
购建固定资产、无形资产和其他非流动资产支付的现金	12		
投资活动产生的现金流量净额	13		
三、筹资活动产生的现金流量			
取得借款收到的现金	14		

项目	行次	本年累计金额	本月金额
吸收投资者投资收到的现金	15		
偿还借款本金支付的现金	16		
偿还借款利息支付的现金	17		
分配利润支付的现金	18		
筹资活动产生的现金流量净额	19		
四、现金净增加额	20		
加：期初现金余额	21		
五、期末现金余额	22		

1.1.6　所有者权益变动表简介

所有者权益变动表是反映构成所有者权益的各个组成部分当期的增减变动情况的报表。它是对资产负债表的补充及对所有者权益增减变动情况的进一步说明。

1.1.6.1　所有者权益变动表的作用

通过所有者权益变动表，既可以为报表使用者提供所有者权益总量增减变动的信息，也能为其提供所有者权益增减变动的结构性信息，特别是能够让报表使用者理解所有者权益增减变动的根源。

① 有利于揭示企业抵御财务风险的实力，为报表使用者提供企业盈利能力方面的信息。

② 有利于对企业的保值增值情况作出正确判断，揭示所有者权益增减变动的原因。

③ 有利于了解企业净利润的分配去向以及评价利润分配政策。

1.1.6.2　所有者权益变动表的格式

（1）结构原理

所有者权益变动表结构为纵横交叉的矩阵式结构。

① 纵向结构。纵向结构按所有者权益增减变动时间及内容分为"上年年末余额""本年年初余额""本年增减变动金额"和"本年年末余额"四栏。

上年年末余额＋会计政策变更、前期差错更正及其他变动＝本年年初余额

本年年初余额＋本年增减变动金额＝本年年末余额

其中，本年增减变动金额按照所有者权益增减变动的交易或事项列示。

本年增减变动金额＝综合收益总额 ± 所有者投入和减少资本 ± 利润分配 ± 所有者权益内部结转

② 横向结构。横向结构采用比较式结构，分为"本年金额"和"上年金额"两栏，列示了两个会计年度所有者权益各项目的变动情况，便于对前后两个会计年度的所有者权益总额和各组成部分项目进行动态分析。

每栏的具体结构按照所有者权益构成内容（即：实收资本、资本公积、库存股、盈余公积和未分配利润）逐项列示。

实收资本（或股本）＋其他权益工具＋资本公积－库存股＋其他综合收益＋未分配利润＝所有者权益合计

（2）格式

所有者权益变动表的格式如表1-9、表1-10所示。

表1-9 所有者权益变动表

会企04表

编制单位： 　　　　　　　　　　　　　　年　　　　　　　　　　　　　单位：元

项目	本年金额									
	实收资本（或股本）	其他权益工具			资本公积	减：库存股	其他综合收益	盈余公积	未分配利润	所有者权益合计
		优先股	永续债	其他						
一、上年年末余额										
加：会计政策变更										
前期差错更正										
其他										
二、本年年初余额										
三、本年增减变动金额（减少以"－"填列）										
（一）综合收益总额										
（二）所有者投入和减少资本										
1. 所有者投入的普通股										
2. 其他权益工具持有者投入资本										
3. 股份支付计入所有者权益的金额										
4. 其他										
（三）利润分配										
1. 提取盈余公积										
2. 对所有者（或股东）的分配										
3. 其他										

项目	本年金额									
	实收资本（或股本）	其他权益工具			资本公积	减：库存股	其他综合收益	盈余公积	未分配利润	所有者权益合计
		优先股	永续债	其他						
（四）所有者权益内部结转										
1.资本公积转增资本（或股本）										
2.盈余公积转增资本（或股本）										
3.盈余公积弥补亏损										
4.设定受益计划变动额结转留存收益										
5.其他										
四、本年年末余额										

表 1-10　所有者权益变动表（续表）

会企 04 表

编制单位：　　　　　　　　　　　　　　　　　　　年　　　　　　　　　　　　　　　　单位：元

项目	上年金额									
	实收资本（或股本）	其他权益工具			资本公积	减：库存股	其他综合收益	盈余公积	未分配利润	所有者权益合计
		优先股	永续债	其他						
一、上年年末余额										
加：会计政策变更										
前期差错更正										
其他										
二、本年年初余额										
三、本年增减变动金额（减少以"－"填列）										
（一）综合收益总额										
（二）所有者投入和减少资本										
1.所有者投入的普通股										
2.其他权益工具持有者投入资本										
3.股份支付计入所有者权益的金额										
4.其他										
（三）利润分配										
1.提取盈余公积										
2.对所有者（或股东）的分配										
3.其他										
（四）所有者权益内部结转										
1.资本公积转增资本（或股本）										
2.盈余公积转增资本（或股本）										
3.盈余公积弥补亏损										

项目	上年金额									
	实收资本（或股本）	其他权益工具			资本公积	减：库存股	其他综合收益	盈余公积	未分配利润	所有者权益合计
		优先股	永续债	其他						
4. 设定受益计划变动额结转留存收益										
5. 其他										
四、本年年末余额										

1.1.7　财务报表附注简介

对于某项经济业务，有时可能会存在不同的会计原则和不同的会计处理方法，也就是有不同的会计政策可供选择。如果不说明财务报表中的这项业务所采用的原则和会计处理方法，很有可能会给财务报表使用者理解报表带来一定的困扰，这就需要在财务报表附注中加以说明。

1.1.7.1　财务报表附注的作用

财务报表附注的作用有：

① 附注的编制和披露，是对资产负债表、利润表、现金流量表和所有者权益变动表列示项目含义的补充说明，以帮助财务报表使用者更准确地把握其含义。例如，通过阅读附注中披露的固定资产折旧政策的说明，使用者可以掌握报告企业与其他企业在固定资产折旧政策上的异同，以便进行更准确的比较。

② 附注提供了对资产负债表、利润表、现金流量表和所有者权益变动表中未列示项目的详细或明细说明。例如，通过阅读附注中披露的各类存货增减变动情况，财务报表使用者可以了解资产负债表中未单列的存货分类信息。

③ 通过附注与资产负债表、利润表、现金流量表和所有者权益变动表列示项目的相互参照关系，以及对未能在财务报表中列示项目的说明，可以使财务报表使用者全面了解企业的财务状况、经营成果和现金流量以及所有者权益的情况。

1.1.7.2　财务报表附注的格式

（1）财务报表附注的内容

① 附注的主要内容　附注是财务报表的重要组成部分。企业应当按照如下顺

序披露附注的内容：

a. 企业简介和主要财务指标。

b. 财务报表的编制基础。

c. 遵循企业会计准则的声明。

d. 重要会计政策和会计估计。

e. 会计政策和会计估计变更以及差错更正的说明。

f. 报表重要项目的说明。

g. 或有和承诺事项、资产负债表日后非调整事项、关联关系及其交易等需要说明的事项。

h. 有助于财务报表使用者评价企业管理资本的目标、政策及程序的信息。

② 企业应当披露的信息

a. 可供出售金融资产产生的利得（损失）金额。

b. 按照权益法核算的在被投资单位其他综合收益中所享有的份额。

c. 现金流量套期工具产生的利得（损失）金额。

d. 外币财务报表折算差额。

e. 其他。

（2）财务报表附注和披露的格式

① 财务报表附注的格式如表 1-11 ～表 1-20 所示。

表 1-11　货币资金

项目	期末余额	年初余额
库存现金		
银行存款		
其他货币资金		
合计		

表 1-12　应收账款

账龄	期末余额			年初余额		
	金额	比例 /%	坏账准备	金额	比例 /%	坏账准备
1 年以内						
1 ～ 2 年						
2 ～ 3 年						
3 年以上						
合计						

表 1-13　长期待摊费用

项目	年初余额	本年增加额	本期摊销额	期末余额	剩余摊销年限
1.×××					
2.×××					
3.×××					
……					
合计					

表 1-14　资产减值准备

项目	年初余额	本期计提额	本期减少额		年末余额
			转回额	转出额	
一、坏账准备合计					
其中：应收账款					
其他应收款					
长期应收款					
二、存货跌价准备合计					
其中：库存商品					
原材料					
消耗性生物资产					
三、持有至到期投资减值准备					
四、长期股权投资减值准备					
五、固定资产减值准备合计					
其中：房屋、建筑物					
机器设备					
投资性房地产					
六、工程物资减值准备					
七、在建工程减值准备					
八、生产性生物资产减值准备					
九、油气资产减值准备					
十、无形资产减值准备					
其中：专利权					
商标权					
十一、商誉减值准备					

表 1-15　长期应付款

项目	年初余额		本期增加额		本期减少额		期末余额	
	应付金额	未确认融资金额	应付金额	未确认融资金额	应付金额	未确认融资金额	应付金额	未确认融资金额
1.×××								
2.×××								
3.×××								
……								
合计								

表 1-16　营业收入

项目	本期发生额	上期发生额
1. 主营业务收入		
2. 其他业务收入		
合计		

表 1-17　营业成本

项目	本期发生额	上期发生额
1. 主营业务成本		
2. 其他业务成本		
合计		

表 1-18　销售费用

费用项目	本期发生额	上期发生额
1. ×××		
2. ×××		
……		
合计		

表 1-19　管理费用

费用项目	本期发生额	上期发生额
1. ×××		
2. ×××		
……		
合计		

表 1-20　财务费用

费用项目	本期发生额	上期发生额
1. ×××		
2. ×××		
……		
合计		

② 披露格式如表 1-21～表 1-27 所示。

表 1-21　存货的披露

项目	期末账面余额	期末市价	期末账面余额与期末市价的差额
1. 原材料			
2. 在产品			

项目	期末账面余额	期末市价	期末账面余额与期末市价的差额
3. 库存商品			
4. 周转材料			
5. 消耗性生物资产			
合计			

表 1-22　短期投资的披露

项目	期末账面余额	期末市价	期末账面余额与期末市价的差额
1. 股票			
2. 债券			
3. 基金			
4. 其他			
合计			

表 1-23　固定资产的披露

项目	原价	累计折旧	期末账面价值
1. 房屋、建筑物			
2. 机器			
3. 机械			
4. 运输工具			
5. 设备			
6. 器具			
7. 工具			
合计			

表 1-24　利润分配表

项目	本年金额	上年金额
一、净利润		
加：年初未分配利润		
其他转入		
二、可供分配的利润		
减：提取法定盈余公积		
提取任意盈余公积		
提取职工奖励及福利基金		
提取储备基金		
提取企业发展基金		
利润归还投资		

项目	本年金额	上年金额
三、可供投资者分配的利润		
减：应付利润		
四、未分配利润		

表 1-25 应付职工薪酬明细表

项目	期末账面余额	年初账面余额
1. 职工工资		
2. 奖金、津贴和补贴		
3. 职工福利费		
4. 社会保险费		
5. 住房公积金		
6. 工会经费		
7. 职工教育经费		
8. 非货币性福利		
9. 辞退福利		
10. 其他		
合计		

表 1-26 应交税费明细表

项目	期末账面余额	年初账面余额
1. 增值税		
2. 消费税		
3. 营业税		
4. 城市维护建设税		
5. 企业所得税		
6. 资源税		
7. 土地增值税		
8. 城镇土地使用税		
9. 房产税		
10. 车船税		
11. 教育费附加		
12. 矿产资源补偿费		
13. 排污费		
14. 代扣代缴的个人所得税		
15. 其他		
合计		

表1-27　2021版研发支出辅助账汇总表（由于篇幅关系有所调整）

纳税人识别号（统一社会信用代码）：　　　　纳税人名称：　　　　属期：

金额单位：元

项目编号	项目名称	完成情况	支出类型	允许加计扣除金额合计	人员人工费用	直接投入费用	折旧费用	无形资产摊销	新产品设计费等	前五项小计	其他相关费用及限额		委托研发费用及限额			
											其他相关费用合计	经限额调整后的其他相关费用	委托境内机构或个人进行研发活动所发生的费用	允许加计扣除的委托境内机构或个人进行研发活动所发生的费用	委托境外机构进行研发活动所发生的费用	经限额调整后的委托境外机构进行研发活动所发生的费用
					1	2	3	4	5	6	7.1	7.2	8.1	8.2	8.3	8.4
资本化金额小计																
费用化金额小计																
其中：其他事项																
金额合计																

1.2 财务报表编制概述

　　财务报表的编制是通过确认、计量、记录和报告，将公司复杂的经营活动转化为客观的数字，提供关于公司财务状况和经营成果等方面的信息。

1.2.1 财务报表编制的要求

　　为充分发挥财务报表的作用，必须保证财务报表的质量，在编制财务报表时应符合下列基本要求：

（1）依据各项会计准则确认和计量的结果

　　企业应当根据实际发生的交易和事项，遵循各项具体会计准则的规定进行确认和计量，在此基础上编制财务报表。如果由于某种原因没有遵循准则的要求，应在财务报表附注中说明。

（2）列报基础

　　企业应当以持续经营为基础编制财务报表。

　　企业如果存在以下情况之一，通常表明其处于非持续经营状态：

　　① 企业已在当期进行清算或停止营业。

　　② 企业已经正式决定在下一个会计期间进行清算或停止营业。

（3）依据重要性原则单独或汇总列报

　　对于财务报表中的项目是单独列报还是汇总列报，应当依据重要性原则来判断，而重要性原则根据企业所处环境，从项目的性质和金额大小两方面予以判断。

　　① 性质或功能不同的项目，对财务报表使用者的涵义是不同的，应当在财务报表中单独列报，但是不具有重要性的项目可以合并列报。

　　② 性质或功能类似的项目，一般可以合并列报，但是对其具有重要性的类别，应当按其类别在财务报表中单独列报。比如，库存现金、银行存款、其他货币资金合并作为货币资金列报，原材料、在产品、库存商品的性质类似，合并作为存货项目列报，但是存货与固定资产项目不能合并列报。

　　③ 项目单独列报的原则不仅适用于报表，还适用于附注。

　　④ 企业会计准则规定单独列报的项目，企业都应当予以单独列报。

（4）列报的一致性

财务报表项目的列报应当在各个会计期间保持一致，不得随意变更。

在下列情况下，企业可以变更财务报表项目的列报：

① 会计准则要求改变财务报表项目的列报。

② 企业经营业务的性质发生重大变化或对企业经营影响较大的交易或事项发生后，变更财务报表项目的列报能够提供更可靠、更相关的会计信息。

（5）总额列报

财务报表项目应当以总额列报，资产和负债、收入和费用、直接计入当期利润的利得项目和损失项目的金额不能相互抵销，即不得以净额列报，但另有规定的除外。

以下三种情况不属于抵销：

① 一组类似交易形成的利得和损失以净额列示的，不属于抵销。例如，汇兑损益应当以净额列报，为交易目的而持有的金融工具形成的利得和损失应当以净额列报。但是，如果相关的利得和损失具有重要性，则应当单独列报。

② 资产或负债项目按扣除备抵项目后的净额列示，不属于抵销。例如，资产计提的减值准备，实质上意味着资产的价值确实发生了减损，资产项目应当按扣除减值准备后的净额列示，这样才能反映资产当时的真实价值。

③ 非日常活动产生的利得和损失，以同一交易形成的收益扣减相关费用后的净额列示更能反映交易实质的，不属于抵销。例如，非流动资产处置形成的利得或损失，应当按处置收入扣除该资产的账面金额和相关销售费用后的净额列报。

（6）比较信息的列报

企业在列报当期财务报表时，至少应当提供所有列报项目上一个可比会计期间的比较数据，以及与理解当期财务报表相关的说明，提高信息在会计期间的可比性。例如，资产负债表的各项目均须填列"年初余额（上年年末余额）"和"期末余额"两栏。

（7）财务报表表首的列报要求

企业在财务报表的显著位置（通常是表首部分）应当至少披露下列基本信息：

① 编报企业的名称，如企业名称在所属当期发生了变更的，还应明确标明。

② 资产负债表日或财务报表涵盖的会计期间。

a. 对资产负债表而言，应当披露资产负债表日。

b. 对利润表、现金流量表、所有者权益变动表而言，应当披露报表涵盖的会计期间。

③ 货币名称和单位。企业应当以人民币作为记账本位币列报，并标明金额单位，如人民币元、人民币万元等。

④ 财务报表是合并财务报表的，应当予以标明。

（8）报告期间和权责发生制

① 报告期间　企业至少应当按年编制财务报表。年度财务报表涵盖的期间短于一年的，应当披露年度财务报表的涵盖期间，以及短于一年的原因，短于一年的报告称为中期财务报告。

② 权责发生制　编制报表时要依据权责发生制原则（现金流量表依据是收付实现制）。

1.2.2　财务报表编制的注意事项

财务报表的编制是以真实的交易事项以及完整、准确的账簿记录等资料为依据的，这就要求企业在编制报表时应遵循国家统一的会计准则规定的编制基础、编制依据、编制原则和方法。即按照国家统一的财务报表格式和内容，根据登记完整、核对无误的会计账簿记录和其他有关资料进行编制。

（1）内容完整

财务报表应当反映企业经济活动的全貌，全面反映企业的财务状况和经营成果，才能满足各方面对会计信息的需要。凡是国家要求提供的财务报表，各企业必须全部编制并报送，不得漏编和漏报，凡是国家统一要求披露的信息，都必须披露。

这就要求会计人员在编制报表的过程中，不可随意取舍，不得有项目遗漏，无数据填写要以横线划去，遇到特殊情况要附简要文字说明等。这样才能够确保财务报表能够提供全面、完整、丰富的会计信息，进而满足报表使用者的多项需求。

（2）数字真实

财务报告中的各项数据必须真实可靠，如实地反映企业的财务状况、经营成果和现金流量。

这就要求会计人员必须做到账证相符、账账相符、账表相符。若在编制与计算过程中出现差错，或者人为地弄虚作假，这一系列错误行为就会致使财务报表变成一张废纸，毫无意义可言。因此，在编制财务报表时必须要做到按期结账、对账、财产清查，编制试算表并复核，这样才能保证数据的真实性。

（3）计算准确

日常的会计核算以及编制财务报表，涉及大量的数字计算，只有准确地计算，才能保证数字的真实可靠。这就要求编制财务报表必须以核对无误后的账簿记录和其他有关资料为依据，不能使用估计或推算的数据，更不能以任何方式弄虚作假，玩数字游戏或隐瞒谎报。

（4）手续完备

《企业财务会计报告条例》规定，企业对外提供的财务会计报告应当依次编定页数、加具封面、装订成册、加盖公章。

财务报表封面上应当注明：企业名称、企业统一代码、组织形式、地址、报表所属年度或者月份、报出日期，并由企业负责人和主管会计工作的负责人、会计机构负责人（会计主管人员）签名并盖章、设置总会计师的企业，还应当由总会计师签名并盖章。

（5）报送及时

会计人员必须在规定报送期限内完成财务报表编制工作。财务报表信息只有及时地传递给信息使用者，才能为使用者的决策提供依据。否则，即使是真实可靠和内容完整的财务报告，由于编制和报送不及时，对报告使用者来说就大大降低了会计信息的使用价值。

1.3 财务报表分析概述

财务报表分析主要是以财务报表为依据，根据需求来筛选财务信息，采用专业合理的分析技术和方法，对企业财务活动中的偿债能力、盈利能力、运营能力和发展能力进行分析与评价，使通用的财务信息转为更具针对性的决策相关信息，为企业的投资者、债权人、经营者及其他利益相关人员了解和评价企业经营现状，预测未来发展情况，作出正确决策提供依据。

1.3.1 财务报表分析的作用

财务报表分析的主要作用分为对内和对外两方面。

① 对于企业内部的使用者来说，财务报表分析是一种自查的手段，通过财务

报表分析，可以发现企业生产经营中存在的问题，进而查明原因，做出改进。

② 对于企业外部的使用者来说，财务报表分析主要用以了解企业的财务状况、经营成果和现金流量情况，从而获得具有决策意义的财务信息。

1.3.2 财务报表分析的目的

财务报表分析对于会计信息使用者意义重大，通过财务报表分析，能够对公司经营活动、投资活动和融资活动的成因和结果进行系统的剖析和综合的评价。

无论是企业的投资者、经营者或债权人，还是政府部门或普通公众，都十分关心财务分析的结果。这些不同的人员构成了财务报表分析的主体，他们进行财务分析的目的也不尽相同。

① 投资者。投资者拥有对企业净资产的剩余要求权，是企业最终风险的承担者。投资者通过财务报表分析，根本目的在于判断资本保全和资本增值这些目标是否得以实现，掌握企业日常经营情况，关注经营者行为，防范经营者存在舞弊和欺诈，并可评估企业在资本市场上的投资价值，来决定是否保留其在某一企业的投资。

② 债权人。企业债权人包括供应商、企业债券持有人和向企业提供融资服务的金融机构。债权人将资金借给企业使用后，始终关心是否能够按时、足额收回这笔资金，债权人通常关心企业的偿债能力和财务风险，他们需要财务报告来分析企业是否有能力按时支付购货款，偿还贷款本金及其利息。

③ 政府监管部门。政府监管部门包括税务、工商、国有资产管理、财政和司法部门等。政府监管部门需要制定宏观政策，进行税收征管和司法监督，维持市场秩序，发挥经济管理和经济监督的职能，通常关注资源分配的公平性和合理性，宏观决策所依据信息的可靠性。

④ 管理层。企业管理层受投资者的委托，参与企业日常经营活动，他们是会计信息最主要的内部使用者。管理者通过计划、控制和决策对企业生产经营活动进行管理，并对企业经营业绩负主要责任。因此，管理层要时刻了解企业的财务状况、盈利能力、营运效率和发展能力，根据环境的变化调整企业的经营策略，财务报表分析可以支持管理层发现企业管理中存在的问题。比如：财务分析指标之一的存货周转次数在当月明显减少，管理层会及时发现企业销售可能存在问题，从而采取措施应对，而这样的问题，是无法通过阅读资产负债表上存货的余额识别出来的。

1.4 案例解读：财务报表的分析

1.4.1 案例描述

小 M 是 CM 集团总公司财务部的员工，她的工作是每月月初，向领导汇报上个月公司的经营情况，2022 年 7 月初，节选她汇报的部分内容如下：

2022 年 6 月企业利润上涨了 10%。公司整体营运收入累计 340 亿元，环比增长 36%，累计完成年度预算目标的 51%，主要由于销售单价环比上升 25%，同时存货周转天数降低了 1 天，费用占毛利比环比上升 28%，主要是因为市场投入力度加大，广告宣传、劳务费大幅增长……

1.4.2 案例要求

问题：

① 小 M 的工作属于会计的工作范畴吗？她的工作有什么样的价值？

② 小 M 是根据什么计算出这些数据的？数据来源于哪里？

1.4.3 案例分析

分析：

① 小 M 的工作属于会计工作的范畴。她的工作其实是对财务信息进行加工和分析，也就是常说的财务报表分析工作，她以财务报表为主要依据，采用与上期对比的方法，测算领导需要的数据指标，得出通俗易懂的财务评价和结论，并传递给公司的领导，以便于他们更为便捷、直观地了解公司经营情况，为经营决策提供依据。

② 数据分析来源：

a. 6 月利润增长比率来源：5 月和 6 月的利润水平。

b. 6 月营运收入的环比增长率来源：5 月和 6 月的营运收入。

c. 费用占毛利比的环比增长率来源：5 月和 6 月的期间费用总额和经营毛利。

利润、收入、期间费用总额和经营毛利的相关数据，属于财务信息，可以通过利润表直接获得这些数据。可以看出，财务报表是财务报表分析的重要资料。

第 2 章

资产负债表的编制

· 资产负债表是指反映企业在某一特定日期(例如月、季、年) 的财务状况的时点性报表。如 2023 年 1 月的资产负债表即是反映企业 2023 年 1 月 31 日止的财务状况的报表。

2.1 资产负债表的三大项目

如果资产负债表是棵树，那么这棵树有三个枝丫，如英文字母 K 字状。左边是资产，右上角为负债，右下角为所有者权益。

2.1.1 资产项目

资产包括流动资产和非流动资产。

2.1.1.1 流动资产

说到流动资产，大家可别把它与"流动资金"混淆了。

（1）流动资金

流动资金是企业在生产经营过程中占用在流动资产上的资金，具有周转期短，形态易变的特点。就是随时都能拿出来的、短期内可周转的企业财产。

（2）流动资产

流动资产是指预计在一个正常营业周期中变现、出售或耗用，或者主要为交易目的而持有，或者预计在资产负债表日起一年内（含一年）变现的资产，或者自资产负债表日起一年内交换其他资产或清偿负债的能力不受限制的现金或现金等价物。

并非所有交易性金融资产均为流动资产，比如自资产负债表日起超过 12 个月到期且预期持有超过 12 个月的衍生工具应当划分为非流动资产（若衍生工具划分为交易性金融负债，则其流动性划分与上述处理相同）。

① 尚未执行新金融准则和新收入准则的流动资产项目　货币资金、以公允价值计量且其变动计入当期损益的金融资产、衍生金融资产、应收票据及应收账款、预付款项、其他应收款、存货、持有待售资产、一年内到期的非流动资产和其他流动资产。

② 已执行新金融准则和新收入准则的流动资产项目　货币资金、交易性金融资产、衍生金融资产、应收票据及应收账款、预付款项、其他应收款、存货、合同资产、持有待售资产、一年内到期的非流动资产和其他流动资产。

2.1.1.2 非流动资产

非流动资产是指流动资产以外的资产。

（1）尚未执行新金融准则和新收入准则的非流动资产项目

可供出售金融资产、持有至到期投资、长期应收款、长期股权投资、投资性房地产、固定资产、在建工程、生产性生物资产、油气资产、无形资产、开发支出、商誉、长期待摊费用、递延所得税资产和其他非流动资产。

（2）已执行新金融准则和新收入准则的非流动资产项目

债权投资、其他债权投资、长期应收款、长期股权投资、其他权益工具投资、其他非流动金融资产、投资性房地产、固定资产、在建工程、生产性生物资产、油气资产、无形资产、开发支出、商誉、长期待摊费用、递延所得税资产和其他非流动资产。

2.1.2 负债项目

负债包括流动负债和非流动负债。

2.1.2.1 流动负债

流动负债是指预计在一个正常营业周期中清偿，或者主要为交易目的而持有，或者自资产负债表日起一年内（含一年）到期应予以清偿，或者企业无权自主地将清偿推迟至资产负债表日后一年以上的负债。

（1）尚未执行新金融准则和新收入准则的流动负债项目

短期借款、以公允价值计量且其变动计入当期损益的金融负债、衍生金融负债、应付票据、应付账款、预收款项、应付职工薪酬、应交税费、应付利息、应付股利、其他应付款、持有待售负债、一年内到期的非流动负债和其他流动负债。

（2）已执行新金融准则和新收入准则的流动负债项目

短期借款、交易性金融负债、衍生金融负债、应付票据及应付账款、预收款项、合同负债、应付职工薪酬、应交税费、其他应付款、持有待售负债、一年内到期的非流动负债和其他流动负债。

2.1.2.2 非流动负债

非流动负债是指流动负债以外的负债。

非流动负债的项目包括：长期借款、应付债券、长期应付款、专项应付款、预计负债、递延收益、递延所得税负债和其他非流动负债。

2.1.3　所有者权益项目

所有者权益类项目包括：实收资本（或股本）、其他权益工具、资本公积、库存股、其他综合收益、盈余公积、未分配利润。

2.2　资产负债表的各小项目

本节介绍资产负债表资产项目、负债项目及所有者权益三大项目中包含的各个小项目的内容。

2.2.1　资产项目

①"货币资金"项目，反映企业库存现金、银行结算户存款、外埠存款、银行汇票存款、银行本票存款、信用卡存款、信用证保证金存款等的合计数。

②"交易性金融资产"项目，反映企业持有的以公允价值计量且其变动计入当期损益的为交易目的而持有的债券投资、股票投资、基金投资、权证投资等交易性金融资产。

③"衍生金融资产"项目，反映企业期末持有的衍生工具、套期工具、被套期项目中属于衍生金融资产的金额。

④"应收票据及应收账款"项目，反映企业期末持有的因销售商品、提供服务等经营活动应向购买单位（客户）收取的款项，以及收到的商业汇票，包括银行承兑汇票和商业承兑汇票。

⑤"预付账款"项目，反映企业期末持有的按照购货合同、协议规定预付给供应单位的款项。

⑥"其他应收款"项目，反映企业期末的应收利息、应收股利和其他应收款项。

a."应收利息"项目，反映企业因持有交易性金融资产、债权投资、其他债权投资等金融资产应收取的利息。

b."应收股利"项目，反映企业应收取的现金股利和应收取其他单位分配的利润。

c."其他应收款"项目，反映企业应收的各种赔款、罚款（如因企业财产等遭受意外损失而应向有关保险公司收取的赔款等），应收出租包装物租金，应向职工收取的各种垫付款项（如为职工垫付的水电费、应由职工负担的医药费、房租费等），存出保证金（如租入包装物支付的押金）和其他各种应收、暂付款项。

⑦"存货"项目，反映企业期末持有的在库、在途和在加工中的各项存货可变现的价值，包括各种材料、库存商品、在产品、半成品、周转材料、发出商品、委托加工物资等。

⑧"合同资产"项目，反映企业已向客户转让商品而有权收取对价的权利，且该权利取决于时间流逝之外的其他因素。如企业向客户销售两项可明确区分的商品，企业因已交付其中一项商品而有权收取款项，但收取该款项还取决于企业交付另一项商品的，企业应当将该收款权利作为合同资产。

⑨"持有待售资产"项目，反映资产负债表日划分为持有待售类别的非流动资产及划分为持有待售类别的处置组中的流动资产和非流动资产的期末账面价值。

⑩"一年内到期的非流动资产和其他流动资产"项目，反映企业非流动资产项目中在一年内到期的金额。

⑪"其他流动资产"项目，反映企业除以上流动资产项目外的其他流动资产。

⑫"债权投资"项目，反映资产负债表日企业以摊余成本计量的长期债权投资的期末账面价值。

⑬"其他债权投资"项目，反映资产负债表日企业分类为以公允价值计量且其变动计入其他综合收益的长期债权投资的期末账面价值。

⑭"可供出售金融资产"项目，反映企业期末持有的可供出售金融资产的公允价值，包括划分为可供出售金融资产的股票投资、债券投资、基金投资等金融资产。

⑮"持有至到期投资"项目，反映企业期末持有至到期投资的摊余成本，企业委托银行或其他金融机构向其他单位贷出的款项，也包括在该项目内。

⑯"长期应收款"项目，反映企业融资租赁产生的应收款项和采用递延方式具有融资性质的销售商品和提供劳务等产生的长期应收款项等。

⑰"长期股权投资"项目，反映企业期末持有的长期股权投资的实际价值。

⑱"投资性房地产"项目，反映企业期末持有的投资性房地产的实际价值。

⑲"固定资产"项目，反映企业期末固定资产的净额。

⑳"在建工程"项目，反映企业期末尚未达到预定可使用状态的在建工程及基建、更新改造等在建工程发生的实际支出。

㉑"生产性生物资产"项目，反映产出农产品、提供劳务或出租等目的而持有

的生物资产价值。

㉒"油气资产"项目，反映企业所拥有的矿区权益和油井以及相关设施的净额。

㉓"无形资产"项目，反映企业期末持有的无形资产的成本（净值）。

㉔"开发支出"项目，反映企业进行研发与开发无形资产过程中发生的各项支出（能够资本化形成无形资产成本的支出部分）的期末价值。

㉕"商誉"项目，反映企业合并中形成的商誉的期末价值。

㉖"长期待摊费用"项目，反映企业已经发生但应由本期和以后各期负担的分摊期限在1年以上（不含1年）的各项费用，如以经营租赁方式租入固定资产发生的改良支出。

㉗"递延所得税资产"项目，反映企业根据所得税准则确认的可抵扣暂时性差异产生的所得税资产的期末价值。

㉘"其他非流动资产"项目，反映企业除以上非流动资产列示项目以外的其他非流动资产。

2.2.2　负债项目

①"短期借款"项目，反映企业向银行或其他金融机构等借入的期限在1年期以下（含1年）的各种借款。

②"交易性金融负债（以公允价值计量且其变动计入当期损益的金融负债）"项目，反映企业发行短期债券等所形成的交易性金融负债公允价值。可进一步分为交易性金融负债和直接指定为以公允价值计量且其变动计入当期损益的金融负债。

③"衍生金融负债"项目，反映企业期末持有的衍生工具、套期工具、被套期项目中属于衍生金融负债的金额。

④"应付票据及应付账款"项目，反映资产负债表日企业因购买材料、商品和接受服务等经营活动应支付的款项，以及开出、承兑的商业汇票，包括银行承兑汇票和商业承兑汇票。

⑤"预收账款"项目，反映企业按照合同规定向购货单位（客户）预收的款项。

⑥"应付职工薪酬"项目，反映企业根据有关规定"应"该支"付"而未支付给职工的各种薪酬。

⑦"应交税费"项目，反映企业按照税法规定计算期末未交或多交的各种税费，包括增值税、消费税、所得税、资源税、土地增值税、城市建设维护税、房产税、

城镇土地使用税、车船税、教育费附加、矿产资源补偿费以及企业代扣代缴的个人所得税。

⑧"其他应付款"项目，反映企业期末的应付利息、应付股利和其他应付款项。

a."应付利息"，反映企业按照合同约定应付未付的各种利息，包括吸收存款、分期付息到期还本的长期借款、企业债券等应支付的利息。

b."应付股利"，反映企业分配、应付未付的现金股利或利润，不包括企业分派的股票股利。

c."其他应付款"，反映企业除应付票据、应付账款、预收账款、应付职工薪酬、应付利息、应付股利、应交税费等以外其他各种应付、暂收其他单位和个人的款项。

⑨"持有待售负债"项目，反映资产负债表日处置组中与划分为持有待售类别的资产直接相关的负债的期末账面价值。

⑩"一年内到期的非流动负债"项目，反映企业各种非流动负债在一年之内到期的金额，包括一年内到期的长期借款、长期应付款和应付债券、预计负债。

⑪"其他流动负债"项目，反映企业承担的除上述流动负债以外的其他流动负债。

⑫"长期借款"项目，反映企业向银行或其他金融机构借入的期限在1年以上（不含1年）的各项借款。

⑬"应付债券"项目，反映企业为筹集长期资金而发行的债券本金和利息及尚未偿还的长期债券摊余价值。

⑭"长期应付款"项目，反映资产负债表日企业除长期借款和应付债券以外的其他各种长期应付款项的期末账面价值。

⑮"预计负债"项目，反映企业计提的各种预计负债。

⑯"递延收益"项目，反映尚待确认的收入或收益，也可以说是暂时未确认的收益。

⑰"递延所得税负债"项目，反映企业根据所得税准则确认的应纳税暂时性差异产生的所得税负债。

⑱"其他非流动负债"项目，反映企业除长期借款、应付债券等负债以外的其他非流动负债。

2.2.3　所有者权益项目

① "实收资本（或股本）"项目，反映企业接受投资者投入资本（或股本）的总额。

② "其他权益工具"项目，反映企业发行的除普通股以外分类为权益工具的金融工具的账面价值，增设"其中：优先股"和"永续债"两个项目，分别反映企业发行的分类为权益工具的优先股和永续债的账面价值。

③ "资本公积"项目，反映企业资本公积的期末余额。

④ "库存股"项目，反映企业持有的收购、转让或注销的本公司的股份金额。

⑤ "其他综合收益"项目，反映的主要是非日常经营活动形成的利得和损失。

⑥ "盈余公积"项目，反映企业盈余公积的期末余额。

⑦ "未分配利润"项目，反映企业尚未分配的利润。

2.3　资产负债表的填列

本节介绍资产负债表的填列方法、各项目的填列及表内公式的计算。

2.3.1　资产负债表的填列方法

资产负债表的各项目均须填列"上年年末余额"和"期末余额"两栏。

资产负债表的"上年年末余额"栏内各项数字，应根据上年末资产负债表的"期末余额"栏内所列数字填列。如果上年度资产负债表规定的各个项目的名称和内容与本年度不相一致，应按照本年度的规定对上年年末资产负债表各项目的名称和数字进行调整，填入"上年年末余额"栏内。有调整时，按照本年情况调整。

资产负债表的"期末余额"栏主要有以下几种填列方法：

（1）根据总账科目余额填列

① 可直接根据有关总账科目的期末余额填列　如"短期借款""资本公积"等项目，根据"短期借款""资本公积"各总账科目的余额直接填列。

② 须根据几个总账科目的期末余额计算填列　如"货币资金"项目，根据"库存现金""银行存款""其他货币资金"科目期末余额的合计数填列。

（2）根据明细账科目余额计算填列

资产负债表中的有些项目，需要根据明细账科目期末余额计算填列（只看明细账）：

① 应收账款、应付账款、预收账款、预付账款项目

a."应收票据及应收账款"项目，根据"应收票据"科目的期末余额，以及"应收账款"和"预收账款"科目所属的相关明细科目的期末借方余额合计数填列（不考虑坏账）。

b."应付票据及应付账款"项目，根据"应付票据"科目的期末余额，以及"应付账款"和"预付账款"科目所属的相关明细科目的期末贷方余额合计数填列。

c."预收账款"项目，根据"预收账款"和"应收账款"账户所属各明细账户的期末贷方余额合计数填列。

d."预付账款"项目，根据"预付账款"和"应付账款"账户所属各明细账户的期末借方余额合计数填列（不考虑坏账）。

②"开发支出"项目，根据"研发支出"科目中所属的"资本化支出"明细科目期末余额计算填列。

③"应付职工薪酬"项目，根据"应付职工薪酬"科目中所属的明细科目贷方余额分析填列。

④"一年内到期的非流动资产（负债）"项目，根据有关非流动资产和非流动负债的项目的明细科目期末余额计算填列。

（3）根据总账科目和明细科目余额分析计算填列

①"长期借款"项目，根据"长期借款"账户的期末余额减去将于1年内到期偿还金额后的余额填列。

②"其他非流动资产（负债）"项目，根据其他非流动资产（负债）余额减去1年内（含1年）收回（到期偿还）的金额填列。

（4）根据有关科目余额减去其备抵科目余额后的净额填列

如"应收票据""应收账款""长期股权投资""在建工程"等项目，应根据"应收票据""应收账款""长期股权投资""在建工程"等科目的期末余额减去"坏账准备""长期股权投资减值准备""在建工程减值准备"等科目余额后的净额填列。

（5）综合运用上述填列方法分析填列

如"存货"项目，根据"在途物资（材料采购）""原材料""库存商品""周转材料""委托加工物资""委托代销商品""生产成本"和"劳务成本"等账户的期

末余额合计，减去"受托代销商品款""存货跌价准备"等账户期末余额后的金额填列。

2.3.2 资产项目的填列

①"货币资金"项目，根据"库存现金""银行存款""其他货币资金"科目期末余额的合计数填列。

②"交易性金融资产"项目，通常根据"交易性金融资产"明细科目期末余额分析填列，如果资产负债表日起超过一年到期且预期持有超过一年的则归入"其他非流动金融资产"。

③"衍生金融资产"项目，根据"衍生工具""套期工具""被套期项目"等科目的期末借方余额分析计算填列。

④"应收票据及应收账款"项目，根据"应收票据"和"应收账款"科目的期末余额，减去"坏账准备"科目中相关坏账准备期末余额后的金额填列。

⑤"预付账款"项目，根据"预付账款"和"应付账款"账户所属各明细账户的期末借方余额合计，减去"坏账准备"账户中有关预付账款计提的坏账准备期末余额后的金额填列。

⑥"其他应收款"项目，根据"应收利息""应收股利"和"其他应收款"科目的期末余额合计数，减去"坏账准备"科目中相关坏账准备期末余额后的金额填列。

⑦"存货"项目，根据"在途物资（材料采购）""原材料""库存商品""周转材料""委托加工物资""委托代销商品""生产成本"和"劳务成本"等账户的期末余额合计，减去"受托代销商品款""存货跌价准备"账户期末余额后的金额填列。

⑧"合同资产"项目，分别根据"合同资产"科目、"合同负债"科目的相关明细科目期末余额分析填列，同一合同下的合同资产和合同负债应当以净额列示，其中净额为借方余额的，应当根据其流动性在"合同资产"或"其他非流动资产"项目中填列，已计提减值准备的，还应减去"合同资产减值准备"科目中相关的期末余额后填列；其中净额为贷方余额的，应当根据其流动性在"合同负债"或"其他非流动负债"项目中填列。

⑨"持有待售资产"项目，根据在资产类科目新设置的"持有待售资产"科目的期末余额，减去"持有待售资产减值准备"科目的期末余额后的金额填列。

⑩"一年内到期的非流动资产和其他流动资产"项目，根据一年内到期的"债

权投资"（减去相应的"债权投资减值准备"）、一年内摊销的"长期待摊费用"、一年内可收回的"长期应收款"（减去相应的"未实现融资收益"）及一年内到期的"其他债权投资"账户余额之和分析计算后填列。

⑪"其他流动资产"项目，根据"待处理财产损益""应交税费"（增值税明细）、"合同取得成本""应收退货成本"的期末余额分析填列。若期限超过一年或一个正常营业周期的，在"其他非流动资产"项目中填列，已计提减值准备的，还应减去相关减值准备科目期末余额后填列。如果其他流动资产价值较大的，应在财务报表附注中披露其内容和金额。

⑫"债权投资"项目，根据"债权投资"科目的相关明细科目期末余额，减去"债权投资减值准备"科目中相关减值准备的期末余额后的金额分析填列：

a. 自资产负债表日起一年内到期的长期债权投资的期末账面价值，归入"一年内到期的非流动资产"；

b. 企业购入的以摊余成本后续计量的一年内到期的债权投资的期末账面价值，则归入"其他流动资产"；

c. 其他情况归入"债权投资"。

⑬"其他债权投资"项目，根据"其他债权投资"明细科目余额分析填列：

a. 自资产负债表日起一年内到期的长期债权投资，归入"一年内到期的非流动资产"；

b. 如果所购债券一年内到期的，则归入"其他流动资产"；

c. 其他情况归入"其他债权投资"。

⑭"可供出售金融资产"项目，根据"可供出售金融资产"账户的期末余额，减去"可供出售金融资产减值准备"账户的余额后的净额填列。

⑮"持有至到期投资"项目，根据"持有至到期投资"账户期末借方余额减去一年内到期的投资部分和"持有至到期投资减值准备"账户期末贷方余额后的净额填列。

⑯"长期应收款"项目，根据"长期应收款"期末余额，减去一年内到期的部分、"未确认融资收益"账户期末余额、"坏账准备"账户中按长期应收款计提的坏账损失后的金额填列。

⑰"长期股权投资"项目，根据"长期股权投资"账户的期末借方余额减去"长期股权投资减值准备"账户期末贷方余额后填列。

⑱"其他权益工具投资"项目，根据"其他权益工具投资"总账科目余额填列。

⑲ "投资性房地产"项目，根据"投资性房地产"账户的期末余额，减去"投资性房地产累计折旧（摊销）"和"投资性房地产减值准备"账户期末余额后填列；企业采用公允价值模式计量投资性房地产的，该项目应当根据"投资性房地产"账户的期末余额填列。

⑳ "固定资产"项目，根据"固定资产"账户期末借方余额，减去"累计折旧"和"固定资产减值准备"账户期末贷方余额后填列。

㉑ "在建工程"项目，根据"在建工程"账户的期末余额填列。如果企业在建工程计提了减值准备的，还应当减去"在建工程减值准备"账户的余额。

㉒ "生产性生物资产"项目，根据"生产性生物资产"科目期末余额减去"生产性生物资产累计折旧"和"生产性生物资产减值准备"科目期末余额的差额填列。

㉓ "油气资产"项目，根据"油气资产"科目期末余额减去"累计折耗"和"油气资产减值准备"科目期末余额的差额填列。

㉔ "无形资产"项目，根据"无形资产"账户期末借方余额，减去"累计摊销"和"无形资产减值准备"账户的期末贷方余额填列。

㉕ "开发支出"项目，根据"研发支出"科目中所属的"资本化支出"明细科目期末余额填列。而研发支出——费用化支出已经在期末转到管理费用里，并进行月度损益结转。因此依据准则，"研发支出"中仅是符合资本化条件的资本化支出会列示在报表的"开发支出"中。

㉖ "商誉"项目，根据"商誉"账户的期末余额填列。如果企业对商誉计提了减值的，还应当减去"商誉减值准备"账户的余额。

㉗ "长期待摊费用"项目，根据"长期待摊费用"账户的期末余额减去将于1年内（含1年）摊销的数额后的金额填列。

㉘ "递延所得税资产"项目，根据"递延所得税资产"账户的期末余额填列。

㉙ "其他非流动资产"项目，根据有关账户的期末余额填列。

2.3.3 负债项目的填列

① "短期借款"项目，根据"短期借款"账户的期末贷方余额填列。

② "交易性金融负债（以公允价值计量且其变动计入当期损益的金融负债）"项目，根据"交易性金融负债"账户期末余额填列。

③ "衍生金融负债"项目，填列方法参照"衍生金融资产"。

④"应付票据及应付账款"项目，根据"应付票据"科目的期末余额，以及"应付账款"和"预付账款"科目所属的相关明细科目的期末贷方余额合计数填列。

⑤"预收账款"项目，根据"预收账款"和"应收账款"账户所属各明细账户的期末贷方余额合计数填列。

⑥"应付职工薪酬"项目，根据"应付职工薪酬"账户的期末贷方余额填列。

⑦"应交税费"项目，根据"应交税费"账户的期末贷方余额填列。如果企业产生留抵税等情况，"应交税费"账户期末余额即为借方，在资产负债表中应该以"-"号（负号）填列。

⑧"其他应付款"项目，根据"应付利息""应付股利"和"其他应付款"科目的期末余额合计数填列。

⑨"持有待售负债"项目，根据在负债类科目新设置的"持有待售负债"科目的期末余额填列。

⑩"1年内到期的非流动负债"项目，根据"1年内到期的长期借款、长期应付款和应付债券、预计负债"账户分析计算后填列。

⑪"其他流动负债"项目，根据有关账户的期末余额填列。

⑫"长期借款"项目，根据"长期借款"账户的期末余额减去将于1年内到期偿还金额后的余额填列。

⑬"应付债券"项目，根据"应付债券"账户的期末余额减去将于1年内到期偿还金额后的余额填列。

⑭"长期应付款"项目，根据"长期应付款"科目的期末余额，减去相关的"未确认融资费用"科目的期末余额后的金额，以及"专项应付款"科目的期末余额填列。

⑮"预计负债"项目，根据"预计负债"账户期末贷方余额填列。

⑯"递延收益"项目，根据"递延收益"账户期末贷方余额填列。

⑰"递延所得税负债"项目，根据"递延所得税负债"账户期末贷方余额填列。

⑱"其他非流动负债"项目，根据有关账户的期末余额填列。

2.3.4　所有者权益项目的填列

①"实收资本（或股本）"项目，根据"实收资本（或股本）"账户的期末余额填列。

②"其他权益工具"项目，根据"其他权益工具"账户的期末贷方余额填列。

③"资本公积"项目，根据"资本公积"账户的期末贷方余额填列。

④"库存股"项目，根据"库存股"账户的期末余额填列。

⑤"其他综合收益"项目，根据"其他综合收益"账户的期末贷方余额填列。

⑥"盈余公积"项目，根据"盈余公积"账户的期末贷方余额填列。

⑦"未分配利润"项目，根据"本年利润"和"未分配利润"账户余额计算填列。如为弥补的亏损，在本项目中以"-"号填列。

2.3.5 资产负债表里的计算公式

① 流动资产合计：反映企业所有流动资产的总额，根据流动资产项目的金额相加填列。

② 非流动资产合计：反映企业所有非流动资产的总额，根据非流动资产项目的金额相加填列。

③ 资产总额：反映企业所有全部资产的总额，根据流动资产合计和非流动资产合计两个项目之和填列。

④ 流动负债合计：反映企业所有流动负债的总额，根据流动负债项目的金额相加填列。

⑤ 非流动负债合计：反映企业所有非流动负债的总额，根据非流动负债项目的金额相加填列。

⑥ 负债总计：反映企业所有全部负债的总额，根据流动负债合计和非流动负债合计两个项目之和填列。

⑦ 所有者权益合计：反映企业所有者权益的总额，根据所有者权益项目的金额相加填列。

⑧ 负债和所有者权益合计：反映企业负债和所有者权益的总额，根据负债合计、所有者权益合计之和填列。

2.4 案例解读：资产负债表的编制

2.4.1 案例描述

P 建筑公司 2023 年 1 月科目余额表（部分）如表 2-1 所示。

编制单位：P 建筑公司

表 2-1 科目余额表（部分）

2023 年 1 期至 2023 年 1 期

单位：元

科目编码	科目名称	期初余额 借方	期初余额 贷方	本期发生额 借方	本期发生额 贷方	本年累计发生额 借方	本年累计发生额 贷方	期末余额 借方	期末余额 贷方
1001	库存现金			5 237.00	1 880.00	5 237.00	1 880.00	3 357.00	
1002	银行存款	150 452.46		2 659 343.13	2 730 447.98	2 659 343.13	2 730 447.98	78 347.61	
100201	建行	150 452.46		2 659 343.13	2 730 447.98	2 659 343.13	2 730 447.98	79 347.61	
1122	应收账款	172 963.50		3 026 476.54	2 559 343.13	3 026 476.54	2 559 343.13	640 096.91	
112201	A 公司	-117 913.00			500 000.00		500 000.00	-617 913.00	
112202	B 公司	290 876.50		1 629 720.30	838 812.69	1 629 720.30	838 812.69	1 081 784.11	
112203	C 公司			1 201 929.47	1 057 697.94	1 201 929.47	1 057 697.94	144 231.53	
112204	D 公司			194 826.77	162 832.50	194 826.77	162 832.50	31 994.27	
1123	预付账款								
112301	E 公司								
112313	F 公司								
1221	其他应收款	1 044 869.42		152 113.74	46 727.48	152 113.74	46 727.48	1 150 255.68	
122101	AA 公司	253 905.00		107 500.00		107 500.00		361 405.00	
122102	BB 公司	500 000.00			500 000.00		500 000.00		
122103	赵 A								
122104	钱 B								
122105	孙 C	20 000.00		40 000.00	40 000.00	40 000.00	40 000.00	20 000.00	
122106	CC 公司	48 000.00						48 000.00	
122107	社保（个人部分）	2 113.74		2 113.74	4 227.48	2 113.74	4 227.48		
122108	DD 公司	220 850.68						220 850.68	
122109	李 D			2 500.00	2 500.00	2 500.00	2 500.00		

科目编码	科目名称	期初余额		本期发生额		本年累计发生额		期末余额	
		借方	贷方	借方	贷方	借方	贷方	借方	贷方
1601	固定资产	543 454.87						543 454.87	
160102	机器、机械、其他生产设备	177 830.00						177 830.00	
160103	器具、工具、家具	58 105.00						58 105.00	
160104	运输工具	233 954.87						233 954.87	
160105	电子设备	73 565.00						73 565.00	
1602	累计折旧		50 527.26		8 115.71		8 115.71		58 642.97
1801	长期待摊费用	23 100.00						23 100.00	
2001	短期借款		2 000 000.00						2 000 000.00
200101	建行		2 000 000.00						2 000 000.00
2202	应付账款		-11 050.00	30 000.00	71 334.12	30 000.00	71 334.12		30 284.12
220201	G公司								
220202	H公司								
220203	I公司		-11 050.00						-11 050.00
220204	J公司								
220205	周E			30 000.00	30 000.00	30 000.00	30 000.00		
220206	吴F				41 334.12		41 334.12		41 334.12
2211	应付职工薪酬			51 659.56	23 560.22	51 659.56	23 560.22		
221101	职工工资			48 944.56	20 845.22	48 944.56	20 845.22		
221103	职工福利费			2 715.00	2 715.00	2 715.00	2 715.00		
2221	应交税费			135 019.04	162 664.00	135 019.04	162 664.00		27 644.96
222104	城市维护建设税			3 964.55	5 221.14	3 964.55	5 221.14		1 256.59
222105	企业所得税			1 867.36	1 867.36	1 867.36	1 867.36		

科目编码	科目名称	期初余额 借方	期初余额 贷方	本期发生额 借方	本期发生额 贷方	本年累计发生额 借方	本年累计发生额 贷方	期末余额 借方	期末余额 贷方
222111	教育费附加			1 890.55	2 644.50	1 890.55	2 644.50		753.95
222112	地方教育及附加			1 260.36	1 763.00	1 260.36	1 763.00		502.64
222116	未交增值税								
222117	简易计税			63 018.11	88 149.89	63 018.11	88 149.89		25 131.78
222118	预交增值税			63 018.11	63 018.11	63 018.11	63 018.11		
2241	其他应付款		100 740.28	303 000.00	122 763.92	303 000.00	122 763.92		−79 495.80
224101	庞 W		99 987.28	300 000.00	120 516.92	300 000.00	120 516.92		−79 495.80
224102	胡 Y		753.00	3 000.00	2 247.00	3 000.00	2 247.00		
3001	实收资本		1 115 000.00						1 115 000.00
300101	庞 W		1 115 000.00						1 115 000.00
3103	本年利润				11 091.90		11 091.90		11 091.90
3104	利润分配		−163 333.27						−163 333.27
310402	未分配利润		−163 333.27						−163 333.27
4002	劳务成本								
4401	工程施工	1 185 143.36		2 211 908.21	2 836 828.76	2 211 908.21	2 836 828.76	560 222.81	
440101	合同成本	1 185 143.36		2 211 908.21	2 836 828.76	2 211 908.21	2 836 828.76	560 222.81	
44010101	A 项目	391 773.31		67 808.05	457 933.31	67 808.05	457 933.31	1 648.05	
44010102	B 项目	531 655.87		438 370.63	966 699.17	438 370.63	966 699.17	3 327.33	
44010103	C 项目	261 714.18		235 269.87	484 796.28	235 269.87	484 796.28	12 187.77	
44010104	D 项目			543 059.66	543 059.66	543 059.66	543 059.66	543 059.66	
44010105	E 项目			927 400.00	927 400.00	927 400.00	927 400.00		
	合计	3 119 983.61	3 119 983.61	14 440 318.62	14 440 318.62	14 440 318.62	14 440 318.62	2 999 834.88	2 999 834.88

2.4.2 案例要求

根据科目余额表编制资产负债表。

2.4.3 案例分析

（1）年初余额的填列

根据 2022 年 12 月 31 日资产负债表期末余额填列。

（2）各项目期末余额的填列（根据 2023 年第 1 期科目余额表期末余额分析填列）

① 货币资金＝库存现金借方余额 3 357 ＋银行存款借方余额 79 347.61 ＝ 82 704.61（元）

② 应收账款＝应收账款（B 公司）借方余额 1 081 784.11 ＋应收账款（C 公司）借方余额 144 231.53 ＋应收账款（D 公司）借方余额 31 994.27 ＝ 1 258 009.91（元）

③ 预付账款＝应付账款（I 公司）借方余额 11 050 元【注：应付账款贷方余额负数即借方余额】

④ 其他应收款＝其他应收款借方余额 1 150 255.68 ＋其他应付款借方余额 79 495.8 ＝ 1 229 751.48（元）【注：其他应付款贷方余额负数即借方余额，根据该公司情况，并入其他应收款】

⑤ 存货＝工程施工借方余额 560 222.81（元）

⑥ 流动资产合计＝货币资金 82 704.61 ＋应收账款 1 258 009.91 ＋预付账款 11 050 ＋其他应收款 1 229 751.48 ＋存货 560 222.81 ＝ 3 141 738.81（元）

⑦ 固定资产原价＝固定资产借方余额 543 454.87（元）

⑧ 累计折旧＝累计折旧贷方余额 58 642.97（元）

⑨ 固定资产账面价值＝固定资产原价 543 454.87－累计折旧 58 642.97 ＝ 484 811.90（元）

⑩ 长期待摊费用＝长期待摊费用借方余额 23 100（元）

⑪ 非流动资产合计＝固定资产账面价值 484 811.90 ＋长期待摊费用 23 100 ＝ 507 911.90（元）

⑫ 资产合计＝流动资产合计 3 141 738.81 ＋非流动资产合计 507 911.90 ＝ 3 649 650.71（元）

⑬ 短期借款＝短期借款贷方余额 2 000 000（元）

⑭ 应付账款＝应付账款（吴 F）贷方余额 41 334.12（元）

⑮ 预收账款＝应收账款（A 公司）贷方余额 617 913 元【注：应收账款借方余额负数即贷方余额】

⑯ 应交税费＝应交税费贷方余额 27 644.96（元）

⑰ 流动负债合计＝短期借款 2 000 000 ＋应付账款 41 334.12 ＋预收账款 617 913 ＋应交税费 27 644.96 ＝ 2 686 892.08（元）

⑱ 负债合计＝流动负债合计 2 686 892.08（元）

⑲ 实收资本（或股本）＝实收资本贷方余额 1 150 000（元）

⑳ 未分配利润＝本年利润贷方余额 11 091.90 ＋利润分配贷方余额 （-163 333.27）＝ -152 241.37（元）

㉑ 所有者权益（或股东权益）合计＝实收资本 1 150 000 ＋未分配利润 （-152 241.37）＝ 962 758.63（元）

㉒ 负债和所有者权益（或股东权益）合计＝负债合计 2 686 892.08 ＋所有者权益（或股东权益）合计 962 758.63 ＝ 3 649 650.71（元）

（3）核对

① 资产合计 3 649 650.71 元＝负债和所有者权益（或股东权益）合计 3 649 650.71（元）

② 未分配利润期末余额（-152 241.37）－未分配利润年初余额（-163 333.27） ＝利润表净利润 11 091.90（元）

综上，P 建筑公司 2023 年 1 月的资产负债表如表 2-2 所示。

表 2-2　资产负债表

编制单位：P 建筑公司　　　　　　　　　　2023 年 1 月 31 日　　　　　　　　　　单位：元

资产	行次	期末余额	年初余额	负债和所有者权益	行次	期末余额	年初余额
流动资产				流动负债			
货币资金	1	82 704.61	150 452.46	短期借款	31	2 000 000.00	2 000 000.00
短期投资	2			应付票据	32		
应收票据	3			应付账款	33	41 334.12	
应收账款	4	1 258 009.91	290 876.50	预收账款	34	617 913.00	117 913.00
预付账款	5	11 050.00	11 050.00	应付职工薪酬	35		28 099.34
应收股利	6			应交税费	36	27 644.96	
应收利息	7			应付利息	37		
其他应收款	8	1 229 751.48	1 044 869.42	应付利润	38		
存货	9	560 222.81	1 185 143.36	其他应付款	39		100 740.28

资产	行次	期末余额	年初余额	负债和所有者权益	行次	期末余额	年初余额
其中：原材料	10			其他流动负债	40		
在产品	11			流动负债合计	41	2 686 892.08	2 246 752.62
库存商品	12			非流动负债			
周转材料	13			长期借款	42		
其他流动资产	14			长期应付款	43		
流动资产合计	15	3 141 738.81	2 682 391.74	递延收益	44		
非流动资产				其他非流动负债	45		
长期债券投资	16			非流动负债合计	46		
长期股权投资	17			负债合计	47	2 686 892.08	2 246 752.62
固定资产原价	18	543 454.87	543 454.87	—	48		
减：累计折旧	19	58 642.97	50 527.26	—	49		
固定资产账面价值	20	484 811.90	492 927.61	—	50		
在建工程	21			—	51		
工程物资	22			—	52		
固定资产清理	23			—	53		
生产性生物资产	24			所有者权益（或股东权益）			
无形资产	25			实收资本（或股本）	54	1 115 000.00	1 115 000.00
开发支出	26			资本公积	55		
长期待摊费用	27	23 100.00	23 100.00	盈余公积	56		
其他非流动资产	28			未分配利润	57	-152 241.37	-163 333.27
非流动资产合计	29	507 911.90	516 027.61	所有者权益（或股东权益）合计	58	962 758.63	951 666.73
资产合计	30	3 649 650.71	3 198 419.35	负债和所有者权益（或股东权益）	59	3 649 650.71	3 198 419.35

第 **3** 章

利润表的编制

▼

- 利润表是反映企业一定会计期间（月度、季度、半年度或年度）生产经营成果（收入、支出、利润等情况）的财务报表。如 2022 年年度利润表就是反映 2022 年 1 月 1 日至 12 月 31 日经营成果的报表。

3.1 利润表的项目

①"营业收入"项目，反映的是企业经营主要业务和其他业务所确认的收入总额。

②"营业成本"项目，反映的是企业经营主要业务和其他业务所发生的成本总额。

③"税金及附加"项目，反映企业营业活动中发生的消费税、城市建设维护税、资源税、教育费附加及房产税、土地使用税、车船使用税、印花税等相关税种。

④"销售费用"项目，包括企业在销售商品过程中发生的保险费、包装费、展览费和广告费、商品维修费、装卸费等以及为销售本企业商品而专设的销售机构（含销售网点、售后服务网点等）的职工薪酬、业务费、折旧费、固定资产修理费等费用。

⑤"管理费用"项目，包括企业在筹建期间发生的开办费、董事会和行政管理部门在企业的经营管理中发生的或者应由企业统一负担的公司经费（包括行政管理部门职工工资及福利费、物料消耗、低值易耗品摊销、办公费和差旅费等）、工会经费、董事会费（包括董事会成员津贴、会议费和差旅费等）、聘请中介机构费、咨询费（含顾问费）、诉讼费、业务招待费、技术转让费、矿产资源补偿费、研究费用、排污费以及行政管理部门等发生的固定资产修理费用等。

⑥"研发费用"项目，反映了企业进行研究与开发过程中发生的费用化支出。

⑦"财务费用"项目，包括利息支出（减利息收入）、汇兑损益以及相关的手续费、企业发生的现金折扣或收到的现金折扣等。以公允价值计量且其变动计入当期损益的金融负债发生的初始直接费用及计提的利息计入投资收益，不计入财务费用。"利息费用"反映企业为筹集生产经营所需资金等而发生的应予费用化的利息支出，"利息收入"反映企业确认的利息收入。

⑧"资产减值损失"项目，反映企业因资产的可回收金额低于其账面价值而造成的损失。

⑨"信用减值损失"项目，反映企业计提的各项金融工具减值准备所形成的预期信用损失。

⑩"其他收益"项目，反映计入其他收益的政府补助等。

⑪"投资收益"项目，反映企业以各种方式对外投资所取得的收益。

⑫"净敞口套期收益"项目，反映净敞口套期下被套期项目累计公允价值变动转入当期损益的金额或现金流量套期储备转入当期损益的金额。该项目应根据"净敞口套期损益"科目的发生额分析填列；如为套期损失，以"-"号（负号）填列。

⑬"公允价值变动收益"项目，反映企业应当计入当期损益的资产或负债公允价值变动收益。

⑭"资产处置收益"项目，反映企业出售划分为持有待售的非流动资产（金融工具、长期股权投资和投资性房地产除外）或处置组（子公司和业务除外）时确认的处置利得或损失，以及处置未划分为持有待售的固定资产、在建工程、生产性生物资产及无形资产而产生的处置利得或损失。债务重组中因处置非流动资产产生的利得或损失和非货币性资产交换中换出非流动资产产生的利得或损失也包括在本项目内。

⑮"营业外收入"项目，反映企业发生的营业利润以外的收益，主要包括债务重组利得、与企业日常活动无关的政府补助、盘盈利得、捐赠利得等。

⑯"营业外支出"项目，反映企业发生的营业利润以外的支出，主要包括债务重组损失、公益性捐赠支出、非常损失、盘亏损失、非流动资产毁损报废损失等。

⑰"所得税费用"项目，反映企业应从当期利润总额中扣除的所得税费用。

3.2　利润表的填列

利润表各项目均须填列"本期金额"和"上期金额"两栏。

①"本期金额"栏次，除"基本每股收益"和"稀释每股收益"项目外，应当按照相关科目的发生额分析填列。

②"上期金额"栏次，应根据上年该期利润表的"本期金额"栏内所列数字填列。

3.2.1　利润表各项目的填列

①"营业收入"项目，根据"主营业务收入"和"其他业务收入"科目的发生额来分析填列。

②"营业成本"项目，根据"主营业务成本"和"其他业务成本"科目的发生额来分析填列。

③"税金及附加"项目，根据"税金及附加"科目的发生额来分析填列。

④"销售费用"项目，根据"销售费用"科目的发生额来分析填列。

⑤"管理费用"项目，根据"管理费用"科目的发生额来分析填列。

⑥"研发费用"项目，根据"管理费用"科目的"研发费用"明细科目的发生额分析填列。

⑦"财务费用"项目，根据"财务费用"科目的发生额来分析填列。"利息费用"和"利息收入"明细项目应根据"财务费用"科目的相关明细科目的发生额分析填列。

⑧"资产减值损失"项目，根据"资产减值损失"科目的发生额来分析填列。

⑨"信用减值损失"项目，根据"信用减值损失"科目的发生额分析填列。

⑩"其他收益"项目，根据"其他收益"科目的发生额分析填列。

⑪"投资收益"项目，根据"投资收益"科目的发生额分析填列，如为投资损失，该项目用"-"号（负号）填列。

⑫"净敞口套期收益"项目，根据"净敞口套期损益"科目的发生额分析填列，如为套期损失，以"-"号（负号）填列。

⑬"公允价值变动收益"项目，根据"公允价值变动损益"科目的发生额分析填列，如为净损失，该项目以"-"号（负号）填列。

⑭"资产处置收益"项目，根据"资产处置损益"科目的发生额分析填列，如为处置损失，以"-"号（负号）填列。

⑮"营业外收入"项目，根据"营业外收入"科目的发生额分析填列。

⑯"营业外支出"项目，根据"营业外支出"科目的发生额分析填列。

⑰"所得税费用"项目，根据"所得税费用"科目的发生额分析填列。

3.2.2　利润表里的计算公式

利润表中一般应单独列报的项目主要有营业利润、利润总额、净利润、其他综合收益的税后净额、综合收益总额和每股收益等。

（1）营业利润

营业利润是反映企业实现的营业利润（如为亏损，该项目以"-"号填列）。

① 尚未执行新金融准则和新收入准则的企业：

营业利润＝营业收入－营业成本－税金及附加－销售费用－管理费用－研发费用－财务费用－资产减值损失＋其他收益＋投资收益（减去投资损失）＋公允价值

变动收益（减去公允价值变动损失）＋资产处置收益（减去资产处置损失）

② 执行新金融准则和新收入准则的企业：

营业利润＝营业收入－营业成本－税金及附加－销售费用－管理费用－研发费用－财务费用－资产减值损失－信用减值损失＋其他收益＋投资收益（减去投资损失）＋净敞口套期收益（减去净敞口套期损失）＋公允价值变动收益（减去公允价值变动损失）＋资产处置收益（减去资产处置损失）

（2）利润总额

利润总额是反映企业实现的利润（如为亏损，该项目以"－"号填列）。

利润总额＝营业利润＋营业外收入－营业外支出

（3）净利润

净利润是反映企业实现的净利润（如为亏损，该项目以"－"号填列）。

净利润＝利润总额－所得税费用

（4）其他综合收益的税后净额

包括不能重分类进损益的其他综合收益和将重分类进损益的其他综合收益等项目。

（5）综合收益总额

综合收益总额＝净利润＋其他综合收益的税后净额

（6）每股收益

包括基本每股收益和稀释后每股收益两项项目。

3.3　利润表和资产负债表的联系

利润表和资产负债表因为资产负债表里的"未分配利润"项目扯上了关系。

两表之间到底有什么关系？因为账务处理的最后一步要结转损益，即把损益类科目（也就是利润表上的项目）结转至本年利润，这个数自然与利润表上的"利润总额"相等（在没有所得税费用情况下），而资产负债表上的"未分配利润"项目是根据"本年利润"和"未分配利润"账户余额计算填列，而一般情况在年中只有"本年利润"有发生额，两表之间的公式为：

资产负债表	利润表
"未分配利润"项目期末数－期初数 ＝	"净利润"项目累计数

注：只有当企业没有年中利润分配以及没有以前年度损益调整的情况下，资产负债表中"未分配利润"项目的期末数减去期初数与利润表中"净利润"项目的累计数是相等的。

这个也就是资产负债和利润表两表之间最大的瓜葛了，除此，两表之间还有些扯不断的联系，比如：

根据资产负债表中短期投资、长期投资等项目，可以复核、匡算利润表中"投资收益"的合理性。如：关注是否存在资产负债表中没有投资项目而利润表中却列有投资收益，以及投资收益大大超过投资项目的本金等异常情况。

根据资产负债表中固定资产、累计折旧等项目，复核、匡算利润表中"管理费用－折旧费"的合理性。结合生产设备的增减情况和开工率、能耗消耗，分析主营业务收入的变动是否存在产能和能源消耗支撑。

3.4 案例解读：利润表的编制

3.4.1 案例描述

P 建筑公司 2023 年 1 月科目余额表（部分）如表 3-1 所示。

3.4.2 案例要求

根据科目余额表编制利润表。

3.4.3 案例分析

本期金额的填列如下。

① 营业收入＝主营业务收入本期发生额 2 938 326.65（元）【注：损益类科目本期借方发生额等于贷方发生额】

② 营业成本＝主营业务成本本期发生额 2 836 828.76（元）

③ 税金及附加＝税金及附加本期发生额 12 821.44（元）

④ 城市维护建设税＝税金及附加（城市维护建设税）本期发生额 5 221.14（元）

⑤ 城镇土地使用税、房产税、车船税、印花税＝税金及附加（印花税）本期发生额 3 192.80（元）

⑥ 教育费附加、矿产资源补偿费、排污费＝税金及附加（教育费附加）本期发生额 4 407.50（元）

⑦ 管理费用＝管理费用本期发生额 49 869.46（元）

表3-1 科目余额表（部分）

2023年1期至2023年1期　　　　　　　　　　　　　　　　　　　　　　　单位：元

科目编码	科目名称	期初余额		本期发生额		本年累计发生额		期末余额	
		借方	贷方	借方	贷方	借方	贷方	借方	贷方
5001	主营业务收入			2 938 326.65	2 938 326.65	2 938 326.65	2 938 326.65		
500101	劳务收入			2 938 326.65	2 938 326.65	2 938 326.65	2 938 326.65		
5301	营业外收入								
530102	政府补助								
530111	税收减免								
5401	主营业务成本			2 836 828.76	2 836 828.76	2 836 828.76	2 836 828.76		
540101	劳务成本			2 836 828.76	2 836 828.76	2 836 828.76	2 836 828.76		
5403	税金及附加			12 821.44	12 821.44	12 821.44	12 821.44		
540303	城市维护建设税			5 221.14	5 221.14	5 221.14	5 221.14		
540309	印花税			3 192.80	3 192.80	3 192.80	3 192.80		
540310	教育费附加			4 407.50	4 407.50	4 407.50	4 407.50		
5602	管理费用			49 869.46	49 869.46	49 869.46	49 869.46		
560202	折旧费			4 296.68	4 296.68	4 296.68	4 296.68		
560204	办公费			1 090.71	1 090.71	1 090.71	1 090.71		
560206	差旅费			2 457.00	2 457.00	2 457.00	2 457.00		
560207	职工薪酬			20 845.22	20 845.22	20 845.22	20 845.22		
560208	业务招待费			8 990.00	8 990.00	8 990.00	8 990.00		
560211	长期待摊费用摊销								

科目编码	科目名称	期初余额		本期发生额		本年累计发生额		期末余额	
		借方	贷方	借方	贷方	借方	贷方	借方	贷方
560217	社会保险			5 509.56	5 509.56	5 509.56	5 509.56		
560218	车辆使用费			2 915.00	2 915.00	2 915.00	2 915.00		
560219	职工福利费			2 715.00	2 715.00	2 715.00	2 715.00		
560220	服务费								
560221	水利基金			1 050.29	1 050.29	1 050.29	1 050.29		
5603	财务费用			25 847.73	25 847.73	25 847.73	25 847.73		
560301	利息收入								
560303	手续费			14.50	14.50	14.50	14.50		
560305	利息支出			25 833.23	25 833.23	25 833.23	25 833.23		
5711	营业外支出								
571107	税收滞纳金、罚金、罚款								
5801	所得税费用			1 867.36	1 867.36	1 867.36	1 867.36		
	合计	3 119 983.61	3 119 983.61	14 440 318.62	14 440 318.62	14 440 318.62	14 440 318.62	2 999 834.88	2 999 834.88

⑧ 业务招待费＝管理费用（业务招待费）本期发生额 8 990.00（元）

⑨ 财务费用＝财务费用本期发生额 25 847.73（元）

⑩ 营业利润＝营业收入 2 938 326.65－营业成本 2 836 828.76－税金及附加 12 821.44－管理费用 49 869.46－财务费用 25 847.73 ＝ 12 959.26（元）

⑪ 利润总额＝营业利润 12 959.26（元）

⑫ 所得税费用＝所得税费用本期发生额 1 867.36（元）

⑬ 净利润＝利润总额 12 959.26－所得税费用 1 867.36 ＝ 11 091.90（元）

综上，P 建筑公司 2023 年 1 月的利润表如表 3-2 所示。

表 3-2　利润表

编制单位：P 建筑公司　　　　　　　　　　　　　2023 年 1 月　　　　　　　　　　单位：元

项目	本期金额	上期金额
一、营业收入	2 938 326.65	—
减：营业成本	2 836 828.76	—
税金及附加	12 821.44	—
其中：消费税		
营业税		
城市维护建设税	5 221.14	—
资源税		
土地增值税		
城镇土地使用税、房产税、车船税、印花税	3 192.80	—
教育费附加、矿产资源补偿费、排污费	4 407.50	—
销售费用		
其中：商品维修费		
广告和业务宣传费		
管理费用	49 869.46	—
其中：开办费		
业务招待费	8 990.00	
研究费用		
财务费用	25 847.73	—
其中：利息收入		
加：投资收益		
二、营业利润（亏损以"－"号填列）	12 959.26	—
加：营业外收入		
其中：政府补助		
减：营业外支出		
其中：坏账损失		
无法收回的长期债券投资损失		
无法收回的长期股权投资损失		

项目	本期金额	上期金额
自然灾害等不可抗力因素造成的损失		
税收滞纳金		
三、利润总额（亏损总额以"-"号填列）	12 959.26	—
减：所得税费用	1 867.36	—
四、净利润（净亏损以"-"号填列）	11 091.90	—

第 4 章

现金流量表的编制

· 现金流量表应当分别按经营活动、投资活动和筹资活动列报现金流量。现金流量应当分别按照现金流入和现金流出总额列报,但是,特殊情况可以按照净额列报。在学习编制现金流量表之前,应该知道它的"游戏规则"。

4.1 权责发生制与收付实现制

现金流量表是按照收付实现制的原则编制的，是以现金及现金等价物为基础，将权责发生制下的财务信息调整为收付实现制下的现金流量信息。

4.1.1 权责发生制

企业会计的确认、计量和报告应当以权责发生制为基础。

（1）定义

权责发生制，要求凡是当期已经实现的收入和已经发生的成本或应负担的费用，无论款项是否支付，都应当作为当期的收入和费用计入利润表；凡不属于当期的收入和费用，即使款项已在当期支付，也不应作为当期的收入费用。

（2）确认标准

权责发生制以应收应付为标准确认本期收入与成本。

（3）对损益的影响

权责发生制可以使本期的收入和费用进行合理的配比，进而能够准确地确认本期损益。

（4）账务处理

权责发生制对经济业务的账务处理程序比较复杂。

4.1.2 收付实现制

（1）定义

收付实现制是与权责发生制相对应的一种会计基础。它是以收到现金或支付现金作为确认收入和费用等的依据。在这种会计基础下，凡在本期实际收到的现金（包括银行存款）的收入，不论其应否归属于本期，均应作为本期的收入处理；凡在本期实际以现金（包括银行存款）付出的费用，不论其应否在本期收入中取得补偿，均应作为本期的费用处理。

（2）确认标准

收付实现制以实收实付为标准确认本期收入与成本。

（3）对损益的影响

收付实现制不能使本期的收入与费用进行合理的配比，不能准确地计算确认本期损益。

（4）账务处理

收付实现制对经济业务的账务处理程序比较简单。

4.2　现金流量表的项目

企业的业务活动按其发生的性质分为经营活动、投资活动、筹资活动，为了在现金流量表中反映企业在一定时期内现金净流量变动的原因，相应的将企业一定期间内产生的现金流量归为以下三类。

4.2.1　经营活动产生的现金流量

经营活动产生的现金流量一般包括销售商品或提供劳务、经营性租赁、购买货物、接受劳务、制造产品、广告宣传、推销产品、缴纳税款等产生的现金流入与流出。

①"销售商品、提供劳务收到的现金"项目，反映企业本期销售商品、提供劳务实际收到的现金（包括本期销售商品与提供劳务收到的现金），以及前期销售商品、提供劳务本期收到的现金（包括应向购买者收取的增值税销项税额）和本期预收的款项，扣除本期销售本期退回商品和前期销售本期退回商品支付的现金。企业销售材料和代购代销业务收到的现金，也在本项目反映。

②"收到的税费返还"项目，反映企业收到返还的增值税、所得税、消费税、关税和教育费附加返还款等各种税费。

③"收到其他与经营活动有关的现金"项目，反映企业除了"销售商品、提供劳务收到的现金""收到的税费返还"项目外，与经营活动有关的其他现金流入，如罚款收入、逾期未退还出租和出借包装物没收的押金收入、流动资产损失中由个人赔偿的现金收入等。其他现金流入如价值较大的，应单列项目反映。

④"购买商品、接受劳务支付的现金"项目，反映企业购买商品、接受劳务实际支付的现金，包括本期购入商品、接受劳务支付的现金（包括增值税进项税额），以及本期支付前期购入商品、接受劳务的未付款项和本期预付款项，减去本期发生

的购货退回收到的现金。企业购买材料和代购代销业务支付的现金，也在本项目反映。

⑤"支付给职工以及为职工支付的现金"项目，反映企业实际支付给职工的工资及其他为职工支付的现金。为职工支付的工资包括本期实际支付给职工的工资、奖金、各种津贴和补贴等（包括代扣代缴的职工个人所得税）；其他为职工支付的现金包括为职工支付的养老保险、失业保险等社会保险基金、为职工支付的商业保险基金、支付给职工的住房困难补助等，不包括支付的离退休人员的各项费用（此内容应计入经营活动中的其他支付项目），以及支付给在建工程人员的工资（此内容应计入投资活动中的购建固定资产项目）。

⑥"支付的各项税费"项目，反映企业发生并支付、前期发生本期支付以及预交的各项税费，包括企业所得税、增值税、消费税、印花税、房产税、土地增值税、车船税、教育费附加等，不包括计入固定资产价值的税金。

⑦"支付其他与经营活动有关的现金"反映企业经营租赁支付的租金、支付的差旅费、业务招待费、保险费、罚款支出等其他与经营活动有关的现金流出，金额较大的应单独列示。

4.2.2 投资活动产生的现金流量

企业长期资产的购建和不包括在现金等价物范围内的投资及其处置活动，包括实物资产的投资和非实物资产的投资，主要有购建及处置固定资产、无形资产等长期资产过程中产生的现金流入与流出。

①"收回投资所收到的现金"项目，反映企业出售、转让或到期收回除现金等价物以外的对其他企业长期股权投资等收到的现金，但处置子公司及其他营业单位收到的现金净额除外。

②"取得投资收益收到的现金"项目，反映企业除现金等价物以外的对其他企业的长期股权投资等分回的现金股利和利息等。

③"处置固定资产、无形资产和其他长期资产收回的现金净额"项目，反映企业出售、报废固定资产、无形资产和其他长期资产（如投资性房地产）所取得的现金（包括因资产毁损而收到的保险赔偿收入），减去为处置这些资产而支付的有关费用后的净额；该项目如为负数，应在"支付的其他与投资活动有关的现金"项目中反映。

④"处置子公司及其他营业单位收到的现金净额"项目，反映企业处置子公司及其他营业单位所取得的现金，减去相关处置费用以及子公司及其他营业单位持有的现金和现金等价物后的净额。

⑤"收到其他与投资活动有关的现金"项目，反映企业除了上述各项以外，收到的其他与投资活动有关的现金流入。其他现金流入如价值较大的，应单列项目反映。

⑥"购建固定资产、无形资产和其他长期资产支付的现金"项目，反映企业购买、建造固定资产、取得无形资产和其他长期资产（如投资性房地产）支付的现金（含增值税款等），以及用现金支付的应由在建工程和无形资产负担的职工薪酬。其不包括购建固定资产而发生的借款利息资本化的部分（应计入筹资活动中"分配股利、利润或偿付利息支付的现金"项）；融资租入固定资产支付的租赁费（应计入筹资活动中"支付其他与筹资活动有关的现金"项）；企业以分期付款方式购建固定资产各期支付的现金（列入筹资活动中"支付其他与筹资活动有关的现金"项）。

⑦"投资支付的现金"项目，反映企业取得除购买现金等价物以外的对其他企业的长期股权投资等所支付的现金以及支付的佣金、手续费等附加费用，但取得子公司及其他营业单位支付的现金净额除外。

⑧"取得子公司及其他营业单位支付的现金净额"项目，反映企业购买子公司及其他营业单位购买出价中以现金支付的部分，减去子公司及其他营业单位持有的现金和现金等价物后的净额。

⑨"支付其他与投资活动有关的现金"项目，反映企业除了上述各项以外，支付的与投资活动有关的现金流出。它包括企业购买股票和债券时，实际支付价款中包含的已宣告尚未领取的现金股利或已到付息期，但尚未领取的债券利息等。一旦发生该金额，按照该项目的发生明细逐笔累计列示。

4.2.3　筹资活动产生的现金流量

筹资活动产生的现金流量主要是指导致企业资本及债务规模发生变化的活动所产生的现金流量，主要包括吸收投资、发行股票、分配利润、发行债券、偿还债务等过程中产生的现金流入与流出。

①"吸收投资收到的现金"项目，反映企业以发行股票等方式筹集资金实际收到的款项（发行收入减去支付的佣金等发行费用后的净额）。由企业直接支付的审

计、咨询等费用，在"支付其他与筹资活动有关的现金"项目中反映，不能从这里扣除。

②"取得借款收到的现金"项目，反映企业举借各种短期借款、长期借款而收到的现金。

③"收到其他与筹资活动有关的现金"项目，反映企业除上述各项以外，收到的其他与筹资活动有关的现金流入。

④"偿还债务支付的现金"项目，反映企业以现金偿还债务的本金，包括偿还金融机构的借款本金、偿还到期的债券本金等。请注意，该项目特指的是债务本金，债务利息会在其他项目内核算。

⑤"分配股利、利润或偿付利息支付的现金"项目，反映企业在特定期间已经实际支付的现金股利、支付给投资人的利润或用现金支付的借款利息、债券利息等。

⑥"支付其他与筹资活动有关的现金"项目反映除了上述各项目以外，支付的与筹资活动有关的现金流出。例如，发行股票债券所支付的审计、咨询等费用。

在主表第四项，就是"汇率变动对现金及现金等价物的影响"项目了。它反映企业的外币现金流量发生日所采用的汇率与期末汇率的差额对现金的影响数额。这是一个特殊的项目，受国际汇率变动影响，并不是企业可以控制的，对于外贸企业来说较常发生，但对其他行业公司很少产生较大的影响。

4.3　现金流量表的填列

4.3.1　现金流量表的填列方法

4.3.1.1　直接法

运用直接法编制现金流量表可采用工作底稿法或 T 形账户法，也可以根据有关会计科目记录分析填列。

（1）工作底稿法

工作底稿法是以工作底稿为手段，以资产负债表和利润表数据为基础，分别对每一项目进行分析并编制调整分录，进而编制现金流量表的一种方法。

① 工作底稿法编制步骤　工作底稿法具体步骤和程序如下：

a. 将资产负债表各项目的期初数和期末数过入工作底稿的期初数栏和期末数

栏；将利润表各项目的本期数过入工作底稿的本期数栏。

b. 对当期业务进行分析并编制调整分录。编制调整分录时，以利润表项目为基础，从"营业收入"项目开始，结合资产负债表项目逐一进行分析调整。将有关现金及现金等价物的流入流出，分别计入"经营活动产生的现金流量""投资活动产生的现金流量""筹资活动产生的现金流量"有关项目（指现金流量表中应列示的具体项目），借方表示现金流入，贷方表示现金流出，借方余额表示现金流入量净额，贷方余额表示现金流出量净额。

c. 将调整分录过入工作底稿中的相应项目。

d. 核对工作底稿中各项目的借方、贷方合计数是否相等，若相等一般表明调整分录无误。资产负债表中各项目期初数额加减调整分录中的借贷金额后的金额应等于期末金额；工作底稿中调整分录借方金额合计应等于贷方金额合计。

e. 根据工作底稿中的现金流量表部分各项目的借贷金额计算确定各项目的本期数，据以编制正式的现金流量表。

② 工作底稿的格式　工作底稿的格式如表 4-1 所示。

表 4-1　现金流量表工作底稿

项目	期初数	调整分录		期末数
		借方	贷方	

填写方法：

a. 项目——分别填资产负债表项目、利润表项目、现金流量表项目。

b. 期初数——资产负债表部分，填列资产负债表各项目的期初数；利润表、现金流量表部分，该栏空置不填（因为它们没有期初数）。

c. 调整分录借方、贷方——上面说到的编制步骤的第三步。

d. 期末数——资产负债表部分，填列资产负债表项目的期末数；利润表部分，这一栏数字应和本期利润表数字一致；现金流量表部分，这一栏的数字根据相应项目的借方、贷方栏的数据计算确定，用于编制正式的现金流量表。

（2）T 形账户法

T 形账户法是以 T 形账户为手段，以资产负债表和利润表数据为基础，分别对每一项目进行分析并编制调整分录，进而编制现金流量表的一种方法。具体步骤和程序如下：

① 为所有非现金项目（包括资产负债表项目和利润表项目）分别开设 T 形账户，并将各项目的期末期初变动数额过入各该账户。如果某项目的期末数大于期初数（本期增加），则将其差额过入和该项目余额相同的方向；反之（本期减少），过入相反的方向。

② 开设一个大的"现金及现金等价物" T 形账户，分设"经营活动""投资活动""筹资活动"三个二级 T 形账户，左方为借方登记现金流入，右方为贷方登记现金流出，借方余额为现金流入净额，贷方余额为现金流出净额。

③ 对当期业务进行分析并编制调整分录。编制调整分录时，以利润表项目为基础，从"营业收入"项目开始，结合资产负债表项目对非现金项目逐一进行分析调整。

④ 将调整分录过入各 T 形账户，并进行核对。

⑤ 根据 T 形账户编制正式的现金流量表。

4.3.1.2　间接法

间接法主要是填列现金流量表的补充资料部分。

企业采用间接法编制现金流量表的基本步骤如下：

（1）将报告期利润表中净利润调节为经营活动产生的现金流量

具体方法为以净利润为起算点，加上编制利润表时作为净利润减少而报告期没有发生现金流出的填列项目，减去编制利润表时作为净利润增加而报告期没有发生现金流入的填列项目，以及不属于经营活动的现金流量（投资或筹资）。

① 应加回的项目　本类项目属于净利润中没有实际支付现金的费用、需要在净利润的基础上分析调整的项目。应加回的项目包括：

a."资产减值准备"项目。

b."信用损失准备"项目。

c."固定资产折旧、油气资产折耗、生产性生物资产折旧"项目。

d."无形资产摊销"项目。

e."长期待摊费用摊销"项目。

② 应加回或减去的项目　本类项目属于净利润中没有实际支付现金的费用或没有实际收到现金的收益，需要在净利润的基础上分析调整。

a."处置固定资产、无形资产和其他长期资产的损失（收益以'−'号填列）"

项目：属于投资活动产生的现金流量，对于发生的处置净损失应予以加回；实现的处置净收益应予以减去。

b."固定资产报废损失（收益以'–'号填列）"项目：属于投资活动产生的现金流量，对于发生的净损失应予以加回；实现净收益应予以减去。

c."公允价值变动损失（收益以'–'号填列）"项目：属于投资活动产生的现金流量，公允价值变动收益也未产生现金流量，对于发生的公允价值变动损失应予以加回，发生收益应予以减去。

d."财务费用（收益以'–'号填列）"项目：本项目内容的性质较为复杂，可能分别归属于经营活动、投资活动或筹资活动产生的现金流量；各种借款利息等属于筹资活动的现金流量项目，应收票据贴现利息、办理银行转账结算的手续费等属于经营活动产生的现金流量项目。对于属于筹资活动或投资活动的财务费用应予以加回；反之，对于属于筹资活动或投资活动的财务收益应予以减去。

e."投资损失（收益以'–'号填列）"项目：属于投资活动产生的现金流量，对于发生的投资损失应予以加回；反之，对于发生的投资收益应予以减去。

f."递延所得税资产减少（增加以'–'号填列）"项目：属于企业未来期间的应纳税所得额及应交所得税，不构成报告期的现金流量；在计算"所得税费用"时，递延所得税资产减少额计入"所得税费用"科目的增加额（计算利润时已扣除），减少了报告期利润表中的净利润，应予以加回；反之，递延所得税资产增加额计入"所得税费用"科目的减少额，增加了报告期利润表中的净利润，应予以减去。

g."递延所得税负债增加（减少以'–'号填列）"项目：属于企业未来期间的应纳税所得额及应交所得税，不构成报告期的现金流量；在计算"所得税费用"时，递延所得税负债增加额计入"所得税费用"科目的增加额（计算利润时已扣除），减少了报告期利润表中的净利润，应予以加回；反之，递延所得税负债减少额计入"所得税费用"科目的减少额，增加了报告期利润表中的净利润，应予以减去。

h."存货的减少（增加以'–'号填列）"项目：资产负债表中"存货"项目的年末较年初减少的差额，说明报告期消耗或发出了期初存货，这部分存货在报告期不需要支付现金，但按报告期营业成本等计算的净利润已经减去了这部分不需要支付的现金，应予以加回；反之，资产负债表中"存货"项目的年末较年初增加的差额，这部分存货在报告期已经支付了现金，但按报告期营业成本计算的净利润并未减去这部分需要支付的现金，应予以减去。

③ 经营性应收应付项目的增减变动　本类项目属于不直接影响净利润的经营

活动产生的现金流入量或流出量，需要在净利润的基础上分析调整的项目。

a."经营性应收项目的减少（增加以'–'号填列）"项目。经营性应收项目包括应收票据、应收账款、预付账款、合同资产、其他应收款和长期应收款等项目中与经营活动有关的部分。资产负债表中经营性应收项目减少，表明报告期内收到了以前年度应收项目的现金，形成在净利润之外的营业活动现金流入量，应予以加回；反之，经营性应收项目增加，表明报告期的净利润中有尚未收到的现金流入量，应予以减去。

b."经营性应付项目的增加（减少以'–'号填列）"项目。经营性应付项目包括应付票据、应付账款、预收账款、合同负债、其他应付款和长期应付款等项目中与经营活动有关的部分。资产负债表中经营性应付项目增加，表明报告期内"存货"等项目中存在尚未支付的应付项目的现金，在计算净利润时通过"营业成本"等项目已经扣除，形成净利润中存在尚未发生的经营活动现金流出量，应予以加回；反之，经营性应付项目减少，表明报告期计算净利润时存在尚未扣除的现金流出量，应予以减去。

（2）分析调整不涉及现金收支的重大投资和筹资活动项目

本项目反映企业一定会计期间内影响资产或负债但不形成该期现金收支的各项投资或筹资活动的信息资料。如企业报告期内实施的债务转为资本、一年内到期的可转换的公司债券、融资租入固定资产等。该类项目虽然不涉及报告期实际的现金流入流出，但对以后各期的现金流量有重大影响。此类需要列报的项目有：

① 债务转为资本。反映企业报告期内转为资本的债务金额。

② 一年内到期的可转换公司债券。反映企业报告期内到期的可转换公司债券的本息。

③ 融资租入固定资产。反映企业报告期内融资租入的固定资产。

本项目反映现金及现金等价物增减变动及其净增加额。本项目可根据资产负债表中"货币资金"项目及现金等价物期末初余额及净增额分析计算填列。

（3）编制正式的现金流量表补充资料

具体方法可采用前述工作底稿法或 T 形账户法，也可以根据有关会计科目记录分析填列。

4.3.1.3　财务软件现金流量的指定

使用财务软件的报表功能，可根据软件里现金流量的指定规则，对每笔业务进行现金流量的指定。如果是用到"收付转"凭证的企业，直接按照"收付"凭证来指定就可以了，如果是用通用记账凭证的企业，就根据那些有"借：库存现金 / 银行存款 / 其他货币资金"或"贷：库存现金 / 银行存款 / 其他货币资金"的凭证来进行流量指定，"借"即是流入，"贷"即是流出。

4.3.2　现金流量表各项目的填列

本小节介绍现金流量表各项目的填列公式，可从账表中查找数据分析填列。

4.3.2.1　经营活动产生的现金流量

（1）"销售商品、提供劳务收到的现金"项目

本项目可以根据"库存现金""银行存款""主营业务收入""应交税费""应收票据""应收账款"等会计科目的发生额分析填列。

（2）"收到的税费返还"项目

本项目可以根据"库存现金""银行存款""税金及附加""营业外收入"等科目的发生额分析填列。

（3）"收到其他与经营活动有关的现金"项目

本项目可以根据"库存现金""银行存款""营业外收入""其他应收款""其他应付款"等科目的发生额分析填列。

（4）"购买商品、接受劳务支付的现金"项目

本项目可以根据"库存现金""银行存款""主营业务成本""原材料""库存商品""生产成本""应付票据""应付账款""预付账款"等科目的发生额分析填列。

（5）"支付给职工以及为职工支付的现金"项目

本项目可以根据"库存现金""银行存款""应付职工薪酬"等科目的发生额分析填列。

（6）"支付的各项税费"项目

本项目可以根据"库存现金""银行存款""应交税费""税金及附加"等科目的发生额分析填列。

（7）"支付其他与经营活动有关的现金"项目

本项目可以根据"库存现金""银行存款""营业外支出""其他应付款""管理

费用""销售费用""长期待摊费用"等科目的发生额分析填列。

4.3.2.2　投资活动产生的现金流量

（1）"收回投资所收到的现金"项目

本项目可以根据"库存现金""银行存款""短期投资""投资收益""长期股权投资""长期债权投资"等科目的发生额分析填列。

（2）"取得投资收益收到的现金"项目

本项目可以根据"库存现金""银行存款""投资收益""长期债权投资"等科目的发生额分析填列。

（3）"处置固定资产、无形资产和其他长期资产收回的现金净额"项目

本项目可以根据"库存现金""银行存款""固定资产清理""营业外支出"等科目的发生额分析填列。如该项目所收回的现金净额为负数，应在"支付的其他与投资活动有关的现金"项目填列。

（4）"处置子公司及其他营业单位收到的现金净额"项目

本项目可以根据"库存现金""银行存款""长期股权投资"等科目的发生额分析填列。

（5）"收到其他与投资活动有关的现金"项目

如果企业发生一些投资活动未在上述项目中列示，则可以在"收到的其他与投资活动有关的现金"中填列，填列方法与其他项目类似。

（6）"购建固定资产、无形资产和其他长期资产支付的现金"项目

本项目可以根据"库存现金""银行存款""固定资产""无形资产""在建工程"等科目的发生额分析填列。

（7）"投资支付的现金"项目

本项目可以根据"库存现金""银行存款""交易性金融资产""长期股权投资""长期债权投资""应收股利""应收利息"等科目的发生额分析填列。

（8）"取得子公司及其他营业单位支付的现金净额"项目

本项目可以根据"库存现金""银行存款""长期股权投资"等科目的发生额分析填列。

（9）"支付其他与投资活动有关的现金"项目

如果企业发生一些投资活动未在上述项目中列示，按照该项目的发生明细逐笔累计列示。

4.3.2.3 筹资活动产生的现金流量

（1）"吸收投资收到的现金"项目

本项目可以根据"库存现金""银行存款""实收资本""应付债券"等科目的发生额分析填列。

（2）"取得借款收到的现金"项目

本项目可以根据"库存现金""银行存款""短期借款""长期借款"等科目的发生额分析填列。

（3）"收到其他与筹资活动有关的现金"项目

如果企业发生一些投资活动未在上述项目中列示，按照该项目的发生明细逐笔累计列示。

（4）"偿还债务支付的现金"项目

本项目可以根据"库存现金""银行存款""短期借款""长期借款""应付债券"等科目的发生额分析填列。

（5）"分配股利、利润或偿付利息支付的现金"项目

本项目可以根据"库存现金""银行存款""应付股利""财务费用"等科目的发生额分析填列。

（6）"支付其他与筹资活动有关的现金"项目

如果企业发生一些投资活动未在上述项目中列示，按照该项目的发生明细逐笔累计列示。

4.4 案例解读：现金流量表的编制

4.4.1 案例描述

P 公司 2023 年 1 月凭证序时账如表 4-2 所示。

表 4-2　P 公司 2023 年 1 月凭证序时账　　　　　　　　　单位：元

日期	凭证号	摘要	科目编码	科目名称	借方金额	贷方金额
2023/1/31	记 -0001	退保证金	100201	建行	40 000.00	
2023/1/31	记 -0001	退保证金	122105	孙 C		40 000.00
2023/1/31	记 -0002	收款	100201	建行	60 000.00	

日期	凭证号	摘要	科目编码	科目名称	借方金额	贷方金额
2023/1/31	记-0002	收款	1001	库存现金	5 000.00	
2023/1/31	记-0002	收款	224101	庞 W		65 000.00
2023/1/31	记-0003	回款	100201	建行	2 559 343.13	
2023/1/31	记-0003	回款	112202	B 公司		488 812.69
2023/1/31	记-0003	回款	112202	B 公司		350 000.00
2023/1/31	记-0003	回款	112203	C 公司		1 057 697.94
2023/1/31	记-0003	回款	112204	D 公司		162 832.50
2023/1/31	记-0003	回款	112201	A 公司		500 000.00
2023/1/31	记-0004	支付手续费	560303	手续费	14.50	
2023/1/31	记-0004	支付手续费	100201	建行		14.50
2023/1/31	记-0005	支付贷款利息	560305	利息支出	25 833.23	
2023/1/31	记-0005	支付贷款利息	100201	建行		25 833.23
2023/1/31	记-0006	缴纳印花税	540309	印花税	2 554.10	
2023/1/31	记-0006	缴纳印花税	100201	建行		2 554.10
2023/1/31	记-0007	支付履约金	122101	AA 公司	107 500.00	
2023/1/31	记-0007	支付保证金	122105	孙 C	40 000.00	
2023/1/31	记-0007	支付履约金	100201	建行		147 500.00
2023/1/31	记-0008	支付备用金	122109	李 D	2 500.00	
2023/1/31	记-0008	支付备用金	224102	胡 Y	3 000.00	
2023/1/31	记-0008	支付备用金	224101	庞 W	300 000.00	
2023/1/31	记-0008	支付备用金	100201	建行		305 500.00
2023/1/31	记-0009	缴纳社保	560217	社会保险	5 509.56	
2023/1/31	记-0009	缴纳社保	122107	社保（个人部分）	2 113.74	
2023/1/31	记-0009	缴纳社保	100201	建行		7 623.30
2023/1/31	记-0010	支付工资	221101	职工工资	48 944.56	
2023/1/31	记-0010	支付工资（扣社保）	122107	社保（个人部分）		4 227.48
2023/1/31	记-0010	支付工资	100201	建行		44 717.08
2023/1/31	记-0011	付板房费	220205	周 E	30 000.00	
2023/1/31	记-0011	付板房费	100201	建行		30 000.00
2023/1/31	记-0011	更正 2021 年 11 月 13# 凭证	224101	庞 W	（30 000.00）	
2023/1/31	记-0011	更正 2021 年 11 月 13# 凭证	220205	周 E		30 000.00
2023/1/31	记-0012	劳务成本	44010103	C 项目	234 416.22	
2023/1/31	记-0012	劳务成本	44010101	A 项目	66 160.00	
2023/1/31	记-0012	劳务成本	44010104	D 项目	543 059.66	
2023/1/31	记-0012	劳务成本	44010105	E 项目	927 400.00	
2023/1/31	记-0012	劳务成本	44010102	B 项目	435 043.30	
2023/1/31	记-0012	劳务成本	100201	建行		2 164 745.06

日期	凭证号	摘要	科目编码	科目名称	借方金额	贷方金额
2023/1/31	记-0012	劳务成本	220206	吴F		41 334.12
2023/1/31	记-0013	开票收入	112203	C公司	1 201 929.47	
2023/1/31	记-0013	开票收入	112202	B公司	543 125.20	
2023/1/31	记-0013	开票收入	112202	B公司	319 729.52	
2023/1/31	记-0013	开票收入	112204	D公司	194 826.77	
2023/1/31	记-0013	开票收入	112202	B公司	766 865.58	
2023/1/31	记-0013	开票收入	500101	劳务收入		1 771 404.89
2023/1/31	记-0013	开票收入	222117	简易计税		53 142.18
2023/1/31	记-0013	开票收入	500101	劳务收入		1 166 921.76
2023/1/31	记-0013	开票收入	222117	简易计税		35 007.71
2023/1/31	记-0014	结转成本	540101	劳务成本	2 836 828.76	
2023/1/31	记-0014	结转成本	44010103	C项目		484 796.28
2023/1/31	记-0014	结转成本	44010101	A项目		457 933.31
2023/1/31	记-0014	结转成本	44010105	E项目		927 400.00
2023/1/31	记-0014	结转成本	44010102	B项目		966 699.17
2023/1/31	记-0015	计提工资	560207	职工薪酬	20 845.22	
2023/1/31	记-0015	计提工资	221101	职工工资		20 845.22
2023/1/31	记-0016	异地项目缴税	222118	预交增值税	63 018.11	
2023/1/31	记-0016	异地项目缴税	222104	城市维护建设税	3 964.55	
2023/1/31	记-0016	异地项目缴税	222111	教育费附加	1 890.55	
2023/1/31	记-0016	异地项目缴税	222112	地方教育及附加	1 260.36	
2023/1/31	记-0016	异地项目缴税	540309	印花税	638.70	
2023/1/31	记-0016	异地项目缴税	222105	企业所得税	1 867.36	
2023/1/31	记-0016	异地项目缴税	560221	水利基金	1 050.29	
2023/1/31	记-0016	异地项目缴税	224101	庞W		73 689.92
2023/1/31	记-0017	计提城建税	540303	城市维护建设税	5 221.14	
2023/1/31	记-0017	计提教育费附加	540310	教育费附加	2 644.50	
2023/1/31	记-0017	计提地方教育费附加	540310	教育费附加	1 763.00	
2023/1/31	记-0017	计提企业所得税	5801	所得税费用	1 867.36	
2023/1/31	记-0017	计提城建税	222104	城市维护建设税		5 221.14
2023/1/31	记-0017	计提教育费附加	222111	教育费附加		2 644.50
2023/1/31	记-0017	计提地方教育费附加	222112	地方教育及附加		1 763.00
2023/1/31	记-0017	计提企业所得税	222105	企业所得税		1 867.36
2023/1/31	记-0018	结转增值税	222117	简易计税	63 018.11	
2023/1/31	记-0018	结转增值税	222118	预交增值税		63 018.11
2023/1/31	记-0019	计提固定资产折旧	44010101	A项目	1 648.05	
2023/1/31	记-0019	计提固定资产折旧	44010102	B项目	1 317.33	

日期	凭证号	摘要	科目编码	科目名称	借方金额	贷方金额
2023/1/31	记-0019	计提固定资产折旧	44010103	C 项目	853.65	
2023/1/31	记-0019	计提固定资产折旧	560202	折旧费	4 296.68	
2023/1/31	记-0019	计提固定资产折旧	1602	累计折旧		8 115.71
2023/1/31	记-0020	费用开支	560206	差旅费	341.00	
2023/1/31	记-0020	费用开支	560218	车辆使用费	380.00	
2023/1/31	记-0020	费用开支	224101	庞 W		721.00
2023/1/31	记-0021	项目地开支	44010102	B 项目	2 010.00	
2023/1/31	记-0021	收款	1001	库存现金	237.00	
2023/1/31	记-0021	项目地开支	224102	胡 Y		2 247.00
2023/1/31	记-0022	费用开支	560204	办公费	1 090.71	
2023/1/31	记-0022	费用开支	221103	职工福利费	2 715.00	
2023/1/31	记-0022	费用开支	100201	建行		1 960.71
2023/1/31	记-0022	费用开支	1001	库存现金		1 845.00
2023/1/31	记-0022	费用开支	560219	职工福利费	2 715.00	
2023/1/31	记-0022	费用开支	221103	职工福利费		2 715.00
2023/1/31	记-0023	费用开支	560218	车辆使用费	2 535.00	
2023/1/31	记-0023	费用开支	122109	李 D		2 500.00
2023/1/31	记-0023	费用开支	1001	库存现金		35.00
2023/1/31	记-0024	费用开支	560206	差旅费	2 116.00	
2023/1/31	记-0024	费用开支	560208	业务招待费	8 990.00	
2023/1/31	记-0024	费用开支	224101	庞 W		11 106.00
2023/1/31	记-0025	1 月份期末结转	500101	劳务收入	2 938 326.65	
2023/1/31	记-0025	1 月份期末结转	540101	劳务成本		2 836 828.76
2023/1/31	记-0025	1 月份期末结转	540303	城市维护建设税		5 221.14
2023/1/31	记-0025	1 月份期末结转	540309	印花税		3 192.80
2023/1/31	记-0025	1 月份期末结转	540310	教育费附加		4 407.50
2023/1/31	记-0025	1 月份期末结转	560202	折旧费		4 296.68
2023/1/31	记-0025	1 月份期末结转	560204	办公费		1 090.71
2023/1/31	记-0025	1 月份期末结转	560206	差旅费		2 457.00
2023/1/31	记-0025	1 月份期末结转	560207	职工薪酬		20 845.22
2023/1/31	记-0025	1 月份期末结转	560208	业务招待费		8 990.00
2023/1/31	记-0025	1 月份期末结转	560217	社会保险		5 509.56
2023/1/31	记-0025	1 月份期末结转	560218	车辆使用费		2 915.00
2023/1/31	记-0025	1 月份期末结转	560219	职工福利费		2 715.00
2023/1/31	记-0025	1 月份期末结转	560221	水利基金		1 050.29
2023/1/31	记-0025	1 月份期末结转	560303	手续费		14.50
2023/1/31	记-0025	1 月份期末结转	560305	利息支出		25 833.23

日期	凭证号	摘要	科目编码	科目名称	借方金额	贷方金额
2023/1/31	记 -0025	1 月份期末结转	5801	所得税费用		1 867.36
2023/1/31	记 -0025	1 月份期末结转	3103	本年利润		11 091.90

4.4.2 案例要求

根据会计凭证序时账编制现金流量表。

4.4.3 案例分析

根据会计凭证序时账指定现金流量如表 4-3 所示。

表 4-3 现金流量指定   单位：元

日期	凭证号	摘要	科目编码	科目名称	借方金额	贷方金额	现金流量指定
2023/1/31	记 -0001	退保证金	100201	建行	40 000.00		收到其他与经营活动有关的现金
2023/1/31	记 -0002	收款	100201	建行	60 000.00		收到其他与经营活动有关的现金
2023/1/31	记 -0002	收款	1001	库存现金	5 000.00		收到其他与经营活动有关的现金
2023/1/31	记 -0003	回款	100201	建行	2 559 343.13		销售商品、提供劳务收到的现金
2023/1/31	记 -0004	支付手续费	100201	建行		14.50	支付其他与经营活动有关的现金
2023/1/31	记 -0005	支付贷款利息	100201	建行		25 833.23	分配股利、利润或偿付利息支付的现金
2023/1/31	记 -0006	缴纳印花税	100201	建行		2 554.10	支付的各项税费
2023/1/31	记 -0007	支付履约金	100201	建行		147 500.00	支付其他与经营活动有关的现金
2023/1/31	记 -0008	支付备用金	100201	建行		305 500.00	支付其他与经营活动有关的现金
2023/1/31	记 -0009	缴纳社保	100201	建行		7 623.30	支付给职工以及为职工支付的现金
2023/1/31	记 -0010	支付工资	100201	建行		44 717.08	支付给职工以及为职工支付的现金
2023/1/31	记 -0011	付板房费	100201	建行		30 000.00	购买商品、接受劳务支付的现金
2023/1/31	记 -0012	劳务成本	100201	建行		2 164 745.06	购买商品、接受劳务支付的现金

日期	凭证号	摘要	科目编码	科目名称	借方金额	贷方金额	现金流量指定
2023/1/31	记 -0021	收款	1001	库存现金	237.00		收到其他与经营活动有关的现金
2023/1/31	记 -0022	费用开支	100201	建行		1 960.71	支付其他与经营活动有关的现金
2023/1/31	记 -0022	费用开支	1001	库存现金		1 845.00	支付其他与经营活动有关的现金
2023/1/31	记 -0023	费用开支	1001	库存现金		35.00	支付其他与经营活动有关的现金

综上，P 建筑公司 2023 年 1 月的现金流量表如表 4-4 所示。

表 4-4　现金流量表

编制单位：P 建筑公司　　　　　　　　　　　2023 年第 01 期　　　　　　　　　单位：元

项目	行次	本年累计金额	本期金额
一、经营活动产生的现金流量：	1		
销售商品、提供劳务收到的现金	2	2 559 343.13	2 559 343.13
收到的税费返还	3		
收到其他与经营活动有关的现金	4	105 237.00	105 237.00
经营活动现金流入小计：	5	2 664 580.13	2 664 580.13
购买商品、接受劳务支付的现金	6	2 194 745.06	2 194 745.06
支付给职工以及为职工支付的现金	7	52 340.38	52 340.38
支付的各项税费	8	2 554.10	2 554.10
支付其他与经营活动有关的现金	9	456 855.21	456 855.21
经营活动现金流出小计：	10	2 706 494.75	2 706 494.75
经营活动产生的现金流量净额：	11	−41 914.62	−41 914.62
二、投资活动产生的现金流量：	12		
收回投资收到的现金	13		
取得投资收益收到的现金	14		
处置固定资产、无形资产和其他长期资产收回的现金净额	15		
处置子公司及其他营业单位收到的现金净额	16		
收到其他与投资活动有关的现金	17		
投资活动现金流入小计：	18		
购建固定资产、无形资产和其他长期资产支付的现金	19		
投资支付的现金	20		
取得子公司及其他营业单位支付的现金净额	21		
支付其他与投资活动有关的现金	22		
投资活动现金流出小计：	23		

项目	行次	本年累计金额	本期金额
投资活动现金流量净额:	24		
三、筹资活动产生的现金流量:	25		
吸收投资收到的现金	26		
取得借款收到的现金	27		
收到其他与筹资活动有关的现金	28		
筹资活动现金流入小计:	29		
偿还债务支付的现金	30		
分配股利、利润或偿付利息支付的现金	31	25 833.23	25 833.23
支付其他与筹资活动有关的现金	32		
筹资活动现金流出小计:	33	−25 833.23	−25 833.23
筹资活动产生的现金流量净额:	34	−25 833.23	−25 833.23
现金流量净增加额合计:	35	−67 747.85	−67 747.85
四、现金及现金等价物期末余额	36	82 704.61	82 704.61
减：现金及现金等价物期初余额	37	150 452.46	150 452.46
五、现金及现金等价物净增加额	38	−67 747.85	−67 747.85
----- 校验调整 -----	39		

第 5 章

所有者权益变动表和
财务报表附注的编制

▼

· 除"三表",还有不容忽视的"一表一注",即所有者权
  益变动表和财务报表附注。本章简述"一表一注"的
  编制方法。

5.1 所有者权益变动表

5.1.1 所有者权益变动表的项目

（1）所有者权益变动表应单独列示反映的项目

在所有者权益变动表上，企业至少应当单独列示反映下列信息的项目：

① 综合收益总额。

② 会计政策变更和差错更正的累积影响金额。

③ 所有者投入资本和向所有者分配利润等。

④ 提取的盈余公积。

⑤ 实收资本、其他权益工具、资本公积、其他综合收益、专项储备、盈余公积、未分配利润的期初和期末余额及其调节情况。

（2）所有者权益变动表的主要项目内容

①"上年年末余额"项目，反映企业上年资产负债表中实收资本（或股本）、其他权益工具、资本公积、库存股、其他综合收益、专项储备、盈余公积、未分配利润的年末余额。

②"会计政策变更""前期差错更正"项目，分别反映企业采用追溯调整法处理的会计政策变更的累积影响金额和采用追溯重述法处理的会计差错更正的累积影响金额。

③"本年增减变动金额"项目，反映所有者权益各项目本年增减变动的金额。

a."综合收益总额"项目，反映净利润和其他综合收益扣除所得税影响后的净额相加后的合计金额。

b."所有者投入和减少资本"项目，反映企业当年所有者投入的资本和减少的资本。

（a）"所有者投入的普通股"项目，反映企业接受投资者投入形成的实收资本（或股本）和资本溢价或股本溢价。

（b）"其他权益工具持有者投入资本"项目，反映企业发行的除普通股以外分类为权益工具的金融工具的持有者投入资本的金额。

（c）"股份支付计入所有者权益的金额"项目，反映企业处于等待期中的权益结算的股份支付当年计入资本公积的金额。

c."利润分配"项目，反映企业当年的利润分配金额。

d."所有者权益内部结转"项目，反映企业构成所有者权益的组成部分之间当年的增减变动情况。

5.1.2　所有者权益变动表的编制

所有者权益变动表的填列方法是根据上年度所有者权益变动表和本年已编制的资产负债表、利润表及相关会计政策、前期差错更正和会计科目记录等资料分析计算填列。

（1）上年金额栏的填列方法

所有者权益变动表"上年金额"栏内各项数字，应根据上年度所有者权益变动表"本年金额"栏内所列数字填列。

上年度所有者权益变动表规定的各个项目的名称和内容同本年度不一致的，应对上年度所有者权益变动表各项目的名称和数字按照本年度的相关规定进行调整，填入所有者权益变动表的"上年金额"栏内。

（2）本年金额栏的填列方法

所有者权益变动表"本年金额"栏内各项目金额一般应根据资产负债表所有者权益项目金额或"实收资本（或股本）""其他权益工具""资本公积""库存股""其他综合收益""专项储备""盈余公积""利润分配""以前年度损益调整"等会计科目及其明细科目的发生额分析填列。

5.2　财务报表附注

5.2.1　财务报表附注的编制形式

财务报表附注的编制形式灵活多样，常见的有以下五种：

① 尾注说明：财务报表附注的主要编制形式，一般适用于说明内容较多的项目。

② 括号说明：此种形式常用于为财务报表主体内容提供补充信息，因为它把补充信息直接纳入财务报表主体，所以比起其他形式来，显得更直观，不易被人忽视；缺点是它包含内容过短。

③ 备抵账户与附加账户：设立备抵账户与附加账户，在财务报表中单独列示，

能够为财务报表使用者提供更多有意义的信息，这种形式目前主要是指坏账准备等账户的设置。

④ 脚注说明：指在报表下端进行的说明，例如，说明已贴现的商业承兑汇票和已包括在固定资产原价内的融资租入的固定资产原价等。

⑤ 补充说明：有些无法列入财务报表主体中的详细数据、分析资料，可用单独的补充报表进行说明，例如，可利用补充报表的形式来揭示关联方的关系和交易等内容。

5.2.2 财务报表附注的编制内容

5.2.2.1 企业的基本情况

① 企业注册地、组织形式和总部地址。

② 企业的业务性质和主要经营活动。

③ 母公司以及集团最终控股母公司的名称。

④ 财务报告的批准报出者和财务报告批准报出日。按照有关法律、行政法规等规定，企业所有者或其他方面有权对报出的财务报告进行修改的，应当披露这一情况。

5.2.2.2 财务报表的编制基础

① 会计年度。

② 记账本位币。

③ 会计计量所运用的计量基础。

④ 现金和现金等价物的构成。

5.2.2.3 遵循企业会计准则的声明

企业应当明确说明编制的财务报表符合企业会计准则体系的要求，真实、公允地反映了企业的财务状况、经营成果和现金流量。

5.2.2.4 重要会计政策和会计估计

企业应当披露重要的会计政策和会计估计，不具有重要性的会计政策和会计估计可以不披露。判断会计政策和会计估计是否重要，应当考虑与会计政策或会计估计相关项目的性质和金额。

企业应当披露会计政策的确定依据。例如，如何判断持有的金融资产为持有至到期的投资而不是交易性投资；对于拥有的持股不足 50% 的企业，如何判断企业拥有控制权并因此将其纳入报表合并范围；如何判断与租赁资产相关的所有风险和报酬已转移给企业，以及投资性房地产的判断标准等等。这些判断对报表中确认的项目金额具有重要影响。

企业应当披露会计估计中所采用的关键假设和不确定因素的确定依据。例如，固定资产可收回金额的计算需要根据其公允价值减去处置费用后的净额与预计未来现金流量的现值两者之间的较高者确定，在计算资产预计未来现金流量的现值时，需要对未来现金流量进行预测，选择适当的折现率，并应当在附注中披露未来现金流量预测所采用的假设及其依据、所选择的折现率的合理性等等。

企业主要应当披露的重要会计政策有：

（1）存货

① 确定发出存货成本所采用的方法。

② 可变现净值的确定方法。

③ 存货跌价准备的计提方法。

（2）投资性房地产

① 投资性房地产的计量模式。

② 采用公允价值模式的，投资性房地产公允价值的确定依据和方法。

（3）固定资产

① 固定资产的确认条件和计量基础。

② 固定资产的折旧方法。

（4）生物资产

各类生产性生物资产的折旧方法。

（5）无形资产

① 使用寿命有限的无形资产的使用寿命的估计情况。

② 使用寿命不确定的无形资产的使用寿命不确定的判断依据。

③ 无形资产的摊销方法。

④ 企业判断无形项目支出满足资本化条件的依据。

（6）资产减值

① 资产或资产组可收回金额的确定方法。

② 可收回金额按照资产组的公允价值减去处置费用后的净额确定的，确定公允价值减去处置费用后的净额的方法、所采用的各关键假设及其依据。

③ 可收回金额按照资产组预计未来现金流量的现值确定的，预计未来现金流量的各关键假设及其依据。

④ 分摊商誉到不同资产组采用的关键假设及其依据。

（7）股份支付

权益工具公允价值的确定方法。

（8）债务重组

① 债务人债务重组中转让的非现金资产的公允价值、由债务转成的股份的公允价值和修改其他债务条件后债务的公允价值的确定方法及依据。

② 债权人债务重组中受让的非现金资产的公允价值、由债权转成的股份的公允价值和修改其他债务条件后债权的公允价值的确定方法及依据。

（9）收入

收入确认所采用的会计政策，包括确定提供劳务交易完工进度的方法。

（10）建造合同

确定合同完工进度的方法。

（11）所得税

确认递延所得税资产的依据。

（12）外币折算

企业及其境外经营选定的记账本位币及选定的原因，记账本位币发生变更的理由。

（13）金融工具

① 对于指定为以公允价值计量且其变动计入当期损益的金融资产或金融负债，应当披露下列信息：

a. 指定的依据。

b. 指定的金融资产或金融负债的性质。

c. 指定后如何消除或明显减少原来由于该金融资产或金融负债的计量基础不同所导致的相关利得或损失在确认或计量方面不一致的情况，以及是否符合企业正式书面文件载明的风险管理或投资策略的说明。

② 指定金融资产为可供出售金融资产的条件。

③ 确定金融资产已发生减值的客观依据以及计算确定金融资产减值损失所使用的具体方法。

④ 金融资产和金融负债的利得和损失的计量基础。

⑤ 金融资产和金融负债终止确认条件。

⑥ 其他与金融工具相关的会计政策。

（14）租赁

① 承租人分摊未确认融资费用所采用的方法。

② 出租人分配未实现融资收益所采用的方法。

（15）石油天然气开采

① 探明矿区权益、井及相关设施的折耗方法和减值准备的计提方法。

② 与油气开采活动相关的辅助设备及设施的折旧方法和减值准备的计提方法。

（16）企业合并

① 属于同一控制下企业合并的判断依据。

② 非同一控制下企业合并成本的公允价值的确定方法。

（17）其他

5.2.2.5　会计政策和会计估计变更以及差错更正的说明

① 会计政策变更的性质、内容和原因。

② 当期和各个列报前期财务报表中受影响的项目名称和调整金额。

③ 会计政策变更无法进行追溯调整的事实和原因，以及开始应用变更后的会计政策的时点、具体应用情况。

④ 会计估计变更的内容和原因。

⑤ 会计估计变更对当期和未来期间的影响金额。

⑥ 会计估计变更的影响数不能确定的事实和原因。

⑦ 前期差错的性质。

⑧ 各个列报前期财务报表中受影响的项目名称和更正金额；前期差错对当期财务报表也有影响的，还应披露当期财务报表中受影响的项目名称和金额。

⑨ 前期差错无法进行追溯重述的事实和原因，以及对前期差错开始进行更正的时点、具体更正情况。

5.2.2.6　重要报表项目的说明

企业应当尽可能以列表形式披露重要报表项目的构成或当期增减变动情况。

对重要报表项目的明细说明，应当按照资产负债表、利润表、现金流量表、所有者权益变动表的顺序以及报表项目列示的顺序进行披露，应当以文字和数字描述相结合进行披露，并与报表项目相互参照。

5.2.2.7 或有和承诺事项的说明

① 预计负债的种类、形成原因以及经济利益流出不确定性的说明。

② 与预计负债有关的预期补偿金额和本期已确认的预期补偿金额。

③ 或有负债的种类、形成原因及经济利益流出不确定性的说明。

④ 或有负债预计产生的财务影响，以及获得补偿的可能性；无法预计的，应当说明原因。

⑤ 或有资产很可能会给企业带来经济利益的，其形成的原因、预计产生的财务影响等。

⑥ 在涉及未决诉讼、未决仲裁的情况下，披露全部或部分信息预期对企业造成重大不利影响的，该未决诉讼、未决仲裁的性质以及没有披露这些信息的事实和原因。

5.2.2.8 资产负债表日后事项的说明

每项重要的资产负债表日后非调整事项的性质、内容，及其对财务状况和经营成果的影响。无法做出估计的，应当说明原因。

5.2.2.9 关联方关系及其交易的说明

① 母公司和子公司的名称。母公司不是该企业最终控制方的，说明最终控制方名称。

② 母公司和最终控制方均不对外提供财务报表的，说明母公司之上与其最相近的对外提供财务报表的母公司名称。

③ 母公司和子公司的业务性质、注册地、注册资本（或实收资本、股本）及其当期发生的变化。

④ 母公司对该企业或者该企业对子公司的持股比例和表决权比例。

⑤ 企业与关联方发生关联方交易的，该关联方关系的性质、交易类型及交易要素。交易要素至少应当包括：交易的金额（关联方交易的金额应当披露相关比较数据）；未结算项目的金额、条款和条件（包括承诺），以及有关提供或取得担保

的信息；未结算应收项目的坏账准备金额；定价政策。

⑥ 关联方交易应当分别关联方以及交易类型予以披露。

5.2.3 财务报告信息披露的要求

财务报告信息披露基本要求，又称财务报告信息披露的基本质量。

企业应当真实、准确、完整、及时地披露信息，不得有虚假记载、误导性陈述或者重大遗漏，信息披露应当同时向所有投资者公开披露信息。

① 真实，是指上市公司及相关信息披露义务人披露的信息应当以客观事实或者具有事实基础的判断和意见为依据，如实反映客观情况，不得有虚假记载和不实陈述。

② 准确，是指上市公司及相关信息披露义务人披露的信息应当使用明确、贴切的语言和简明扼要、通俗易懂的文字，不得含有任何宣传、广告、恭维或者夸大等性质的词句，不得有误导性陈述。

③ 完整，是指上市公司及相关信息披露义务人披露的信息应当内容完整、文件齐备，格式符合规定要求，不得有重大遗漏。

④ 企业披露信息应当忠实、勤勉地履行职责，保证披露信息的真实、准确、完整、及时、公平。

⑤ 企业应当在附注中对"遵循了企业会计准则"等作出声明。

5.2.4 关联方的披露

（1）关联方关系的认定

关联方关系的存在是以控制、共同控制或重大影响为前提条件的。从一个企业的角度出发，与其存在关联方的各方包括：

① 该企业的母公司。

a. 某一个企业直接控制一个或多个企业。

b. 某一个企业通过一个或若干个中间企业间接控制一个或多个企业。

c. 一个企业直接地和通过一个或若干中间企业间接地控制一个或多个企业。

② 该企业的子公司。

③ 与该企业受同一母公司控制的其他企业。

④ 对该企业实施共同控制的投资方。

⑤ 对该企业施加重大影响的投资方。

⑥ 该企业的合营企业。

⑦ 该企业的联营企业。

⑧ 该企业的主要投资者个人及与其关系密切的家庭成员。

⑨ 该企业或其母公司的关键管理人员及与其关系密切的家庭成员。

关键管理人员是指有权力并负责计划、指挥和控制企业活动的人员。主要包括董事长、董事、董事会秘书、总经理、总会计师、财务总监、主管各项事务的副总经理以及行使类似决策职能的人员等。

⑩ 该企业主要投资者个人、关键管理人员或与其关系密切的家庭成员控制、共同控制的其他企业。

⑪ 该企业关键管理人员服务的提供方与接受方。

提供关键管理人员服务的主体向接受该服务的主体（以下简称服务接受方）提供关键管理人员服务的，服务提供方和服务接受方之间是否构成关联方关系应当具体分析判断。

a. 服务接受方在编制财务报表时，应当将服务提供方作为关联方进行相关披露。服务接受方可以不披露服务提供方所支付或应支付给服务提供方有关员工的报酬，但应当披露其接受服务而应支付的金额。

b. 服务提供方在编制财务报表时，不应仅仅因为向服务接受方提供了关键管理人员服务就将其认定为关联方，而应当判断双方是否构成关联方并进行相应的会计处理。

（2）不构成关联方关系的情况

① 与该企业发生日常往来的资金提供者、公用事业部门、政府部门和机构，以及因与该企业发生大量交易而存在经济依存关系的单个客户、供应商、特许商、经销商或代理商，不构成企业的关联方。例如，A 企业每年 99% 的原材料从 B 企业购进，A、B 之间不是关联方关系。

② 与该企业共同控制合营企业的合营者，通常不构成企业的关联方。

③ 仅仅同受国家控制而不存在控制、共同控制或重大影响关系的企业，不构成关联方。

④ 受同一方重大影响的企业之间不构成关联方。

（3）关联方交易的类型

① 购买或销售商品。

② 购买或销售除商品以外的其他资产，例如固定资产。

③ 提供或接受劳务。

④ 担保。

⑤ 提供资金（贷款或股权投资）。

⑥ 租赁。

⑦ 代理。

⑧ 研究与开发项目的转移。

⑨ 许可协议。当存在关联方关系时，关联方之间可能达成某项协议，允许一方使用另一方商标等，从而形成了关联方之间的交易。

⑩ 代表企业或由企业代表另一方进行债务结算。

⑪ 关键管理人员薪酬。

⑫ 关联方交易还包括就某特定事项在未来发生或不发生时所作出的采取相应行动的任何承诺，例如，已确认或未确认的待执行合同。

（4）关联方的披露

① 企业无论是否发生关联方交易，均应当在附注中披露与该企业之间存在直接控制关系的母公司和子公司有关的信息。

② 企业与关联方发生关联方交易的，应当在附注中披露该关联方关系的性质、交易类型及交易要素。

③ 对外提供合并财务报表的，对于已经包括在合并范围内各企业之间的交易不予披露。

第 6 章

偿债能力的分析

· 通过本章的学习,使读者掌握短期偿债能力分析指
  标及计算方法和长期偿债能力分析指标及计算方
  法,能够运用偿债能力相关指标对企业偿债能力及
  整体情况做出合理评价。

6.1 偿债能力分析概述

通常不同利益相关者对企业进行偿债能力分析的目的都是什么？他们可以从分析中了解企业哪些方面的信息？企业偿债能力分析可以从哪几个方面进行评价？

对于多数企业来说，企业的资金来源除了所有者权益外，还有相当一部分来自负债。因此，企业的偿债能力就是指企业在一定期间内清偿各种到期债务本息的现金保障能力。

6.1.1 偿债能力分析的目的

偿债能力是企业经营者、投资者、债权人等十分关心的重要问题。站在不同的立场上，其分析目的也有区别。如果从企业角度出发，任何一家企业想维持正常的生产经营活动，必须持有足够的现金或者可以随时变现的流动资产，以支付各种费用账单和偿还到期债务。因此，进行偿债能力分析的目的在于以下几个方面：

① 了解企业的财务状况。从企业财务状况这一定义来看，企业偿债能力的强弱是反映企业财务状况的重要标志，辅之以企业发展的稳定性和近期增长情况。

② 揭示企业所承担的财务风险程度。当企业举债时，就可能会出现债务不能按时偿付的可能，这就是财务风险的实质所在。而且，企业的负债比率越高，到期不能按时偿付的可能性越大，企业所承担的财务风险就越大。

③ 预测企业筹资前景。当企业偿债能力强时，说明企业财务状况较好，信誉较高，债权人就愿意将资金借给企业；否则，债权人就不愿意将资金借给企业。因此，当企业偿债能力较弱时，企业筹资前景不容乐观，或企业将承担更高的财务风险。

④ 为企业进行各种理财活动提供重要参考。

6.1.2 偿债能力分析的意义

偿债能力的强弱不仅关系到企业自身的生存与发展，更直接或间接地影响到包括经营者、员工、投资者、债权人乃至政府部门等利益相关方的利益。因此，企业偿债能力分析对于不同利益主体都有着重要的意义。

① 对于债权人而言，企业偿债能力分析有利于其判断债权收回的保障程度，进行正确的借贷决策。企业的债权人通常包括向企业提供贷款的银行、其他金融机构以及购买企业债券的单位和个人。由于债权人的收益是固定的，他们更加关注企业债权的安全性，只有企业有较强的偿债能力，才能使他们的债权及时收回，并能按期取得利息。倘若企业发生资不抵债，即使债权人有有限求偿权，也不能收回全部债权。企业偿债能力越强，债权人的安全程度也就越高。因此在实际工作中，债权人十分关注企业偿债能力。

② 对于投资者而言，企业偿债能力分析有利于其判断投资的安全性及盈利性，进行正确的投资决策。企业的投资者通常包括企业的所有者和潜在投资者。通常，企业的偿债能力越强，投资者的安全性就越高。同时，在投资收益率大于借入资金的资金成本率时，企业适度负债，不仅可以降低财务风险，还可以利用财务杠杆的作用，增加盈利，是投资者获取收益或分红的有力保障。因此在实际工作中，投资者十分关注企业偿债能力。

③ 对于经营者而言，企业偿债能力分析有利于其优化融资结构、降低融资成本。通常企业通过偿债能力分析，利用债务融资中的财务杠杆，确定和保持有利于企业良性发展的最佳资本结构，使企业的综合风险维持最低水平，并在此基础上降低融资成本。良好的偿债能力是企业清偿债务的后盾，也是企业保持良好财务形象、获得源源不断的投资和贷款的基础。因此在实际工作中，经营者十分关注企业偿债能力。

④ 对于其他关联方而言，政府及相关管理部门，通过偿债能力分析，可以了解企业经营的安全性，从而制定相应的财政金融政策；业务关联企业，通过偿债能力分析，可以了解企业是否具有长期的支付能力，判断企业信用状况和未来业务能力，并做出是否建立长期稳定的业务合作关系的决定。因此在实际工作中，其他关联方也十分关注企业偿债能力。

6.1.3 偿债能力分析的内容

偿债能力是指企业偿还各种债务的能力。静态地讲，企业偿债能力就是用企业资产清偿企业非流动负债和流动负债的能力；动态地讲，企业偿债能力就是用企业资产和经营过程中创造的收益偿还长、短期负债的能力。因此，企业有无支付现金的能力和偿还债务的能力是企业能否继续生存和发展的关键。

偿债能力分析主要包括以下两个方面的内容：

（1）短期偿债能力分析

短期偿债能力是指企业在短期（一般为一年）内偿还债务的能力。进行短期偿债能力分析，首先要明确影响短期偿债能力的因素，然后通过对一系列反映短期偿债能力的指标的计算分析，说明企业短期偿债能力的状况及其原因。

① 涉及的财务指标　反映短期偿债能力的绝对数指标，如营运资本；反映短期偿债能力的相对数指标，如流动比率、速动比率、现金比率等。

② 作用　通过对反映短期偿债能力的主要指标和辅助指标的分析，了解企业短期偿债能力的高低及其变动情况，说明企业的财务状况和风险程度。

（2）长期偿债能力分析

长期偿债能力是指企业偿还一年或超过一年的一个营业周期以上的长期债务的保障程度。进行长期偿债能力分析，要结合非流动负债的特点，在明确影响长期偿债能力因素的基础上，通过对反映长期偿债能力指标的计算分析，说明企业长期偿债能力的状况及其原因，为企业的财务安全和稳健经营提供参考。

① 涉及的财务指标　基于资产负债表视角的财务比率，如资产负债率、权益乘数、产权比率、有形净资产负债率、长期资本负债率等；基于利润表视角的财务比率，如利息保障倍数、固定费用偿付比率等；基于现金流量表视角的财务比率，如现金流量债务比等。

② 作用　通过对反映长期偿债能力指标的分析，了解企业长期偿债能力的高低及其变动情况，说明企业整体财务状况和债务负担及偿债能力的保障程度。

如果企业只有短期偿债能力，缺乏长期偿债能力，企业可能只有短期生存的空间，而没有长期发展的空间。因此，企业偿债能力分析必须同时考虑资产的短期流动性与长期安全性。

6.2　短期偿债能力分析

6.2.1　短期偿债能力分析概述

（1）短期偿债能力的衡量方法

① 比较短期债务与可供偿债资产的存量，资产存量超过债务存量较多，则认为短期偿债能力较强。

② 比较偿债所需现金和经营活动产生的现金流量，如果经营活动产生的现金流量超过偿债所需的现金较多，则认为短期偿债能力较强。

（2）短期偿债能力分析的一般步骤

① 计算流动比率　将本期指标与上期或行业平均值比较，观察指标与上期或行业平均值的差异情况。

② 分解流动资产　分解流动资产，目的是考察流动比率的质量。由于影响流动比率水平的主要因素是存货和应收账款的周转情况，因此，要分别计算存货周转率和应收账款周转率，并与上期和行业平均值进行比较，进一步得出结论，即哪一项流动资产是导致流动比率产生差异的主要原因。

③ 计算速动比率　如果存货周转率低，则进一步计算速动比率，考察速动比率的水平和质量，并与上期或行业平均值进行比较，得出结论。

④ 计算现金比率　如果速动比率低于同行业水平，则可进一步考虑是应收账款周转速度慢，可进一步计算现金比率，并与上年或行业平均值比较，得出结论。

上述指标均可从一定程度对企业的短期偿债能力进行评价，但是为了避免单一指标的片面性和局限性，建议同时选择多个指标进行综合判断，并同时考虑影响企业短期偿债能力的表外因素进行全面的判断。

6.2.2　短期偿债能力影响因素

进行短期偿债能力分析时，首先要明确影响短期偿债能力的因素。从偿债能力表内分析的角度看，这些因素主要包括流动资产的规模与质量、流动负债的规模与性质、企业经营现金流量。

（1）流动资产的规模与质量

流动资产是指企业可在一年内或超过一年的一个营业周期内变现或者耗用的资产，而短期负债的偿还往往需要在企业的资产在短时间内能较快变现。由于流动资产的变现能力强，因此流动资产常被视为偿还流动负债的首要物质保证。企业拥有越多的流动资产，就意味着其短期支付的能力就越强。对流动资产的规模与构成的分析，对了解企业短期偿债能力来说十分必要。

企业常见的流动资产根据变现能力由强到弱的顺序依次为货币资金、交易性金融资产、应收及预付款项、存货。

流动资产可划分为速动资产和存货两部分。速动资产相对于存货变现能力强，例如，货币现金可以直接用于支付，是流动性最强的流动资产；交易性金融资产可立即转化为现金，是流动性次强的流动资产。然而同一类流动资产内部的各项资产，流动性也并不相同。例如，不同的应收账款，其收款速度可能不尽相同，有的甚至成为坏账；不同的存货，变现速度也可能差异很大，而且有些存货由于品种、质量等原因可能变现能力很差，甚至无法变现。

因此，在分析短期偿债能力时必须同时考虑用来偿还流动负债的流动资产的规模和质量。

（2）流动负债的规模与性质

流动负债，又称短期负债，是指企业可在一年内或者超过一年的一个营业周期内偿还的债务。流动负债的规模是影响企业短期偿债能力的重要因素。因为流动负债的规模决定了企业需要承担的现时债务的多少，其规模越大，企业短期偿债负担就越重。

企业常见的流动负债有短期借款、应付及预收款项、应付职工薪酬、应交税费等。根据负债形成方式和性质的不同，可以将这些负债划分为：

① 从企业外部借入资金形成的负债，例如，短期借款。

② 在企业货款结算中占用他人资金形成的负债，例如，应付票据、应付账款、预收账款等。

③ 由于财政政策、会计制度等原因占用他人资金形成的负债，例如，应付职工薪酬、应交税费等。

不同性质的流动负债的偿还方式和紧迫性也各不相同。如短期借款不仅需要还本，还要付息；预收款项则不需要动用现金偿还，只需按时交付货物；而其他流动负债往往需要在短期内动用现金偿还。

因此，偿还流动负债是企业重要的短期现金需求，一般在计算时，通常也应将一年内到期的长期负债归入流动负债的考虑范畴之内。因此，在分析短期偿债能力时，对流动负债规模与性质的分析是非常重要的。

（3）企业经营现金流量

企业负债的偿还方式一般可以分为两种，一种是以企业本身所拥有的资产去偿还，另一种则是以新的收益或负债去偿还，但两种方式最终都是要以企业的资产进行偿还。由于现金是流动性最强的资产，大多数短期债务都需要通过现金来偿还，因此，现金的流入和流出量就会直接影响企业资产的流动性和短期偿债能力。

一般来说，企业现金流量的状况主要受经营状况和融资能力两方面的影响。当企业经营业绩好时，现金流入的持续性和稳定性较好，这从根本上保障了债权人的权益；而当企业经营业绩较差，其现金流入量不足以抵补经营及偿债所需的现金流出量时，就会造成营运资本缺乏，企业现金短缺，从而导致企业偿债能力的下降。另外，企业的财务管理水平、母子公司之间的资金调拨能力等也会影响企业现金流的情况，从而影响企业的短期偿债能力。

因此，对于企业短期偿债能力来说，现金流量是一个重要的影响因素。

6.2.3 短期偿债能力指标

分析企业短期偿债能力，通常可运用一系列反映短期偿债能力的指标来进行。从企业短期偿债能力的含义及影响因素可知，短期偿债能力主要可以通过企业流动资产和流动负债的对比得出。因此，对企业短期偿债能力的指标分析，主要采用流动负债和流动资产对比的指标，包括反映短期偿债能力的绝对数指标，如营运资本；反映短期偿债能力的相对数指标，如流动比率、速动比率、现金比率、现金流量比率等。

（1）营运资本

营运资本是指流动资产减去流动负债后的差额，也称营运资金或净营运资本，表示企业在某一时点以流动资产归还和抵偿流动负债后的剩余，其计算公式为：

营运资本 ＝流动资产 － 流动负债
＝（总资产 － 非流动资产）－（总资产 － 所有者权益 － 非流动负债）
＝（所有者权益 ＋非流动负债）－ 非流动资产
＝长期资本 － 长期资产

一般而言，营运资本为正数，表明企业的流动负债有足够的流动资产作为偿付的保证，反之，则表明偿债能力不足。但如果流动资产与流动负债相等，并不足以保证短期偿债能力没有问题，因为债务的到期与流动资产的现金生成，不可能同步同量，而且，为维持基本的经营活动，企业不可能清算全部流动资产来偿还流动负债，而是必须维持最低水平的现金、存货、应收账款等。因此，营运资本一般被视为流动负债"穿透"流动资产的"缓冲垫"。营运资本越多，流动负债的偿还越有保障，短期偿债能力越强。

营运资本之所以能够成为流动负债的"缓冲垫"，是因为它是长期资本用于流动资产的部分，不需要在一年内偿还。

当流动资产大于流动负债时，营运资本为正数，表明长期资本的数额大于长期资产，超出部分被用于流动资产。营运资本的数额越大，财务状况越稳定。换句话说，当流动资产全部由长期资本提供时，企业没有任何短期偿债压力。当流动资产小于流动负债时，营运资本为负数，表明长期资本小于长期资产，有部分长期资产由流动负债提供资金来源。由于流动负债在一年内需要偿还，而长期资产在一年内不能变现，偿债所需现金不足，必须设法另外筹资，这意味着财务状况不稳定。

目前来说，没有一个统一的标准来衡量企业营运资本多少是合理的，因为营运资本的多少与企业资产的变现能力、企业规模及所处的行业都有着密切的联系。由于营运资本是一个绝对量指标，在不同规模的企业间比较相对困难，例如，X 公司的营运资本为 100 万元（流动资产 300 万元、流动负债 200 万元），Y 公司的营运资本与 X 相同，也是 100 万元（流动资产 1200 万元、流动负债 1100 万元），但它们的偿债能力显然不同。因此，在实务中很少直接使用营运资本作为偿债能力指标，一般会配合比率指标一起进行分析。

（2）流动比率

流动比率是流动资产与流动负债的比值，表示每 1 元流动负债有多少元流动资产作为偿还保障，其计算公式为：

$$流动比率 = \frac{流动资产}{流动负债} \times 100\%$$

一般而言，流动比率越高，说明企业资产的流动性越强，偿还短期债务的能力就越强，债权人得到的偿还保障越高，因此，债权人希望企业有较高的流动比率。但从企业经营的角度，流动比率不能过低，因为太低的流动比率往往伴随较大的财务风险，但流动比率也不能过高，过高的流动比率表明企业有较多的资金滞留在企业的流动资产上，未能更好地运用，资金周转可能减慢，从而影响企业的盈利能力。

不同行业的流动比率，标准一般不同，一般营业周期越短的行业，其合理的流动比率越低，因此，在进行流动比率的分析中，不能一概而论。通常认为，流动比率保持在 2∶1 较为合适，但最近几十年，随着企业的经营方式和金融环境的变化，流动比率有下降的趋势，许多成功企业的流动比率都低于 2，平均值已降至 1.5∶1 左右。

在使用流动比率时，应该注意流动比率有两个假设前提：一是全部流动资产都可用于偿债，二是全部流动负债都需要还清。但在实际经营过程中，企业并不可能将全部的流动资产用于偿债，必须维持生产经营所必需的流动资产，某些经营性应付项目也可以滚动存续，无须动用现金全部结清。因此，流动比率也只是对短期偿债能力的粗略估计。

（3）速动比率

速动比率是速动资产与流动负债的比值，表示每 1 元流动负债有多少速动资产作为偿债保障，其计算公式为：

$$速动比率＝\frac{速动资产}{流动负债}\times100\%$$

$$＝\frac{货币资金＋交易性金融资产＋应收账款＋应收票据＋其他应收款}{流动负债}\times100\%$$

其中，速动资产是指货币资金、交易性金融资产和各种应收款项等可以在较短时间内变现的流动资产；存货、预付款项、一年内到期的非流动资产及其他流动资产等，被称为非速动资产。

速动资产之所以要剔除存货和预付账款等项目，是因为存货是流动资产中变现速度最慢的资产，且销售价格受市场价格因素影响较大，变现能力存在一定的不确定性，而预付账款一般是企业提前支付给对方的资金，变现的可能性不大。

一般认为速动比率是流动比率的重要辅助指标，在分析时经常一起使用，全面评价企业的短期偿债能力。速动比率过低，说明企业短期偿债能力不足；过高则说明企业拥有过多闲置资产，影响企业的盈利能力。同流动比率一样，速动比率为多少才算合理也并无定论，但一般认为其理想化指标为 1 ∶ 1，近些年也有降低的趋势。

（4）现金比率

现金比率是现金资产与流动负债的比值，表示每 1 元流动负债有多少现金资产作为偿债保障。在速动资产中，流动性最强、可直接用于偿债的资产称为现金资产，一般包括货币资金、交易性金融资产等，其计算公式为：

$$现金比率＝\frac{货币资金＋交易性金融资产}{流动负债}\times100\%$$

与流动比率、速动比率相比，现金比率只考虑了支付能力最强的现金和交易性金融资产。在有应收账款长期挂账和存货大量积压的情况下，按照流动资产和速动资产账面价值为依据计算出的流动比率和速动比率都有可能使得投资者高估企业的短期偿债能力，解决这一问题的方法就是采取更为保守的态度来计算和分析企业的偿债能力。在企业的流动资产中，现金及现金等价物的流动性最好，可以直接用于偿还企业的短期债务。因此，从稳健性的角度看，现金比率是更为保守的短期偿债能力指标，它能反映出企业在不依赖存货销售及应收账款的情况下，支付当前债务的能力，直接反映企业偿付流动负债的能力。

然而，一般在分析企业资产、负债流动性时，很少单独使用现金比率评价企业的短期偿债能力。这是因为，如果企业预期无法依赖应收账款和存货变现，而是只依赖目前持有的现金资产在未来偿还到期债务的话，意味着该企业已处于财务困境，即该指标主要在企业出现经营问题或破产风险时使用，但对于一些存货和应收账款流动速度很慢或具有高度投机性的企业，选择现金比率同时进行分析也是比较合适的。

较高的现金比率，说明企业的短期偿债能力较强，但在正常情况下，现金比率过高，可能意味着公司没有充分利用现金资源，但若企业正处在投融资时点，现金比率偏高也属于正常现象。因此，在分析该比率时，要结合企业在分析时点前后的重大融资和投资活动进行比较。

（5）现金流量比率

现金流量比率是经营活动现金流量净额与流动负债的比值，表示企业经营活动现金流量对流动负债的保障程度，其计算公式为：

$$现金流量比率 = \frac{经营活动现金流量净额}{流动负债} \times 100\%$$

现金流量比率从现金流入和流出的动态角度对企业的实际偿债能力进行考察，与前几个指标相比，现金流量比率比较不容易受到存货和应收账款的影响，所以能更准确地反映出企业的短期偿债能力，更具说服力。因为它一方面克服了可偿债资产未考虑未来变化及变现能力等问题；另一方面，实际用以支付债务的通常是现金，而不是其他可偿债资产。如果现金流量比率较高，表明企业经营活动产生的现金流量净额越多，越能保障企业按时偿还到期债务，但该指标过高，则表明企业流动资金利用不充分，获利能力不强。

在这里应该注意的是，经营活动所产生的现金流量是过去一个会计年度的经营结果，而流动负债则是未来一个会计期间需要偿还的债务，二者计算所依据的会计期间不同，因此，现金流量比率指标是建立在以过去一个会计期间的现金流量来估计未来会计期间现金流量的假设基础之上的。因此，在使用该指标时，需要考虑未来一个会计年度影响经营活动的现金流量变动的因素。

（6）现金到期债务比率

现金到期债务比率是指经营活动现金流量净额与本期到期债务的比率，可以衡量企业本期到期的债务用经营活动所产生的现金来支付的程度。其计算公式为：

$$现金到期债务比率 = \frac{经营活动现金流量净额}{本期到期债务} \times 100\%$$

公式中使用"经营活动现金流量净额"可以排除用其他资金来源，如借款偿还债务的情况，而专门衡量企业通过经营创造资金独立偿还债务的能力，并能反映企业持续经营和再举债的能力。

"本期到期债务"通常是指那些即将到期而必须用现金偿还的债务，一般有应付票据、银行或其他金融机构的短期借款、到期的应付债券和到期的长期借款等，它根据本期资产负债表上有关项目的期末数确定。在实际分析中，一般采用的衡量标准为1，如果现金到期债务比率大于1，则表明公司的生产经营活动可以产生充足的现金来偿还本期到期的债务，企业的短期偿债能力较好；如果该项指标小于1，则表明企业经营活动的现金创造能力不足，短期偿债能力较差。

上述指标从不同的角度对企业的短期偿债能力进行衡量，但在实际分析当中，不能孤立地根据某一指标对企业的短期偿债能力做出结论，而应当根据分析的目的和要求，并结合企业的实际情况，综合考虑各项指标，这样才有利于得出正确的结论。

6.3 长期偿债能力分析

6.3.1 长期偿债能力分析概述

一般来说，对企业长期偿债能力进行分析，要从企业的资本结构和盈利能力两个方面进行分析评价，而在企业盈利能力确定的情况下，贷款人通常会更加关心企业目前的资本结构以及未来偿还债务本金和支付固定利息费用的能力。

长期偿债能力的分析可分为两个部分。

① 对企业资本结构的分析，判断企业的财务安全状况，这些指标通常包括资产负债率、所有者权益比率、权益乘数、产权比率等，计算指标所用的基本信息通常可以从企业的资产负债表取得。

② 对企业负担利息和固定支出能力的分析，评价企业对债务偿还的保障程度，分析指标通常包括基于利润表视角的财务比率，如利息保障倍数、固定费用偿付比率等以及基于现金流量表视角的财务比率，如现金流量债务比等。

这些指标之间有的相互存在替代性，比如所有者权益比率和资产负债率之和应该等于1，这两个比率分别从不同的侧面对企业的长期偿债能力进行反映，所有者权益比率越大，资产负债率越小，企业长期偿债能力就越强，财务风险就越低。因此，在具体分析的过程中，可根据具体操作的侧重点和数据可取的程度不同，选择适当的指标，能对企业的长期偿债能力进行合理的判断即可。指标分析后，还可对企业进行进一步调查分析，结合影响长期偿债能力的一些表外因素，对企业的长期偿债能力进行综合判断。

6.3.2　长期偿债能力影响因素

长远来看，企业所有的债务都要偿还。对企业进行长期偿债能力分析，主要是为了确定该企业偿还债务本金和支付债务利息的能力。

在进行分析前，首先要明确影响长期偿债能力的因素。这些因素主要包括企业的资本结构和企业的盈利能力两方面。

（1）企业的资本结构

资本结构是指企业各种资本的构成及其比例关系，一般分为权益资本和债务资本两部分。

① 权益资本　权益资本是企业创立和发展最基本的因素，是企业拥有的净资产，它不需要偿还，可以在企业经营中永久使用。同时权益资本也是股东承担民事责任的限度，如果借款不能按时归还，法院可以强制债务人出售财产偿债，因此权益资本就成为借款的基础。一般来说，权益资本越多，债权人越有保障；权益资本越少，债权人蒙受损失的可能性越大。在资金市场上，能否借入资金以及借入多少资金，在很大程度上取决于企业的权益资本实力。

② 债务资本　由于单凭自有资金很难满足企业的需要，因此企业普遍会进行负债经营。债务资本不仅能补充企业的资金，而且能为企业带去财务杠杆收益，降低其融资成本。因此，企业的债务资本在全部资本中所占的比重越大，财务杠杆作用就越明显。一般情况下，负债筹集资金成本较低，弹性较大，是企业灵活调动资金余缺的重要手段。但是，负债需要偿还本金和利息，无论企业的经营业绩如何，负债都有可能给企业带来财务风险。因此，无论从权益资本的角度分析，还是债务资本的角度分析，资本结构都是影响企业长期偿债能力的重要因素。

（2）企业的盈利能力

企业的盈利能力是指企业在一定时期内获得利润的能力。盈利能力是企业长期偿债能力的直接来源。企业能否有充足的现金流入供偿债使用，在很大程度上取决于企业的盈利能力。企业到期必须偿还债务本金并支付债务利息。短期债务可以通过流动资产变现来偿付，因为大多数流动资产的取得往往以短期负债为其资金来源。而企业的长期负债大多用于长期资产的投资，在企业正常经营条件下，长期资产投资形成企业的固定资产能力，一般来讲企业不可能靠出售资产作为偿债和支付利息的资金来源，而只能依靠企业生产经营所得。企业的盈利能力越强，留存的收益就越多，长期偿债能力越强，在资本市场的信誉就越高，从而降低举债的难度和成本；反之，企业的盈利能力越弱，长期偿债能力也就越弱。如果企业长期亏损，则必须通过变卖资产才能清偿债务，这不仅违背了长期负债的初衷，更会影响投资者和债权人的利益。另外，盈利能力强的企业能更加充分地利用财务杠杆效应，加大借入资金的比例，以获取更多的利益。

因此，企业的盈利能力是影响长期偿债能力的重要因素。

6.3.3　长期偿债能力指标

分析企业长期偿债能力，通常可运用一系列反映长期偿债能力的指标来进行。

6.3.3.1　常见指标

在明确影响企业长期偿债能力因素的基础上，可以从资产负债表、利润表和现金流量表三个角度，对企业的长期偿债能力进行分析。所涉及的财务指标主要有：基于资产负债表视角的财务比率，如资产负债率、所有者权益比率、权益乘数、产权比率等；基于利润表视角的财务比率，如利息保障倍数、固定费用偿付比率等；基于现金流量表视角的财务比率，如现金流量债务比等。

（1）基于资产负债表视角的财务比率

① 资产负债率　资产负债率，又称债务比率，是企业负债总额与资产总额的比值，表示企业总资产中有多大比例是通过负债取得的，其计算公式为：

$$资产负债率＝\frac{负债总额}{资产总额}\times100\%$$

这些数据通常可从资产负债表中直接获得。

资产负债率反映了企业资产对负债的保障程度。一般情况下，资产负债率越小，说明企业债务偿还的稳定性、安全性越强，财务弹性也越大，但是也并不是说资产负债率对谁都是越小越好。

对债权人而言，他们最关心的就是所提供的信贷资金的安全性，期望能于约定时间收回本息，而资产负债率则反映债权人向企业提供信贷资金的风险程度，比率越高，本息收回的风险就越大。如果企业的权益资本较少，表明投资者投入的份额不足，经营过程中创造和留存收益的能力较弱，债权人就会感到其债权风险较大，因此就有可能做出提前收回贷款、转移债权或不再提供信贷的决策。因此对债权人来说，资产负债率是越低越好。

而对投资者而言，只要企业为负债支付的利息率小于投资报酬率，举债越多越有利，因为财务杠杆作用，可以提高股东的实际报酬率，同时，较高的资产负债率让投资者可以用较少的资本取得企业的控制权，且将企业的一部分风险转嫁给债权人，但是，高资产负债率同样伴随较高的财务风险，投资者也必须承担这些风险。一旦企业出现经营风险时，由于收益大幅度滑坡，贷款利息还需照常支付，损失必然由所有者负担，为此增加了所有者的投资风险。因此，在实际分析中，投资者（包括所有者和潜在投资者）往往用预期资产报酬率与借款利率进行比较判断，若前者大于后者，表明投资者投入企业的资本将获得双重利益，即在获得正常利润的同时，还能获得资产报酬率高于借款利率的差额。这时，资产负债率越大越好，若前者小于后者时，则表明借入资本利息的一部分，要用所有者投入资本而获得的利润数额来弥补。此时，投资者希望资产负债率越低越好。

对企业而言，资产负债率取决于经营者对企业前景的信心和对风险所持的态度。如果企业经营者对企业前景充满信心，认为企业未来的总资产报酬率将高于资产负债率，则会保持适当高的负债比率，这样的企业拥有足够的资金来扩展业务，把握更多的投资机会，以获取更多的利润；反之，经营者认为企业前景不容乐观，或者经营风格较为保守，那么必然倾向于尽量使用自有资本，避免因负债过多而承担较大的风险，就会保持适当低的负债比率。同时，资产负债率还代表企业的举债能力，企业的资产负债率越低，举债越容易，但如果资产负债率高到一定程度，没有人愿意提供贷款了，则表明企业的举债能力已经用尽。因此，在评价资产负债率大小时，需要在收益和风险之间权衡利弊，充分考虑企业内外因素，同时考虑是站在哪个利益相关者的视角进行分析，以便做出合理正确的判断。

②所有者权益比率和权益乘数　所有者权益比率，又称股权比率，是企业所有者权益总额与资产总额的比值，表示企业自有资本在全部资本中所占的份额，其计算公式为：

$$所有者权益比率 = \frac{所有者权益总额}{资产总额} \times 100\%$$

所有者权益比率越高，说明企业资产中由投资人所提供的资金形成的资产越多，投资者对企业的控制权越稳固，偿还债务的保障越高。所有者权益比率和资产负债率之和应该等于1。因此，这两个比率是从不同的侧面反映企业长期偿债能力的，在实际分析中，根据侧重点的不同，选择二者之一即可。所有者权益比率越大，资产负债率越小，企业长期偿债能力就越强，财务风险就越低。

与所有者权益比率密切相关的另一个指标是权益乘数，它是所有者权益比率的倒数，该指标反映了企业资产总额是所有者权益的倍数，表明1元所有者权益支配的资产总额，其计算公式为：

$$权益乘数 = \frac{资产总额}{所有者权益总额} \times 100\%$$

权益乘数越大，说明所有者投入的资本在资产中所占的比重越小，负债程度越高，可能给企业带来更大的杠杆利益，但也会伴随更大的风险，权益乘数作为一种财务杠杆，是一把双刃剑。因此，当企业权益乘数较大时，例如超过2时，作为企业的财务管理人员应当对企业的资本结构进行认真分析，看企业负债是否过多。只有当企业的资产报酬率大于借入资本成本率时，借入资金才会产生正向的财务杠杆效应，使企业价值随债务增加而增加。否则，负债经营只会使企业无力承担债务利息，而使企业陷入财务危机。

③ 产权比率　产权比率，又称净资产负债率或债务权益比率，是企业负债总额与所有者权益总额的比值，表示债权人投入资本受所有者权益的保障程度，其计算公式为：

$$产权比率 = \frac{负债总额}{所有者权益总额} \times 100\%$$

产权比率反映企业基本财务结构的稳定性，也是衡量企业长期偿债能力的一个重要指标，它反映了企业清算时，所有者权益对债权人利益的保障程度。从所有者的角度来看，不同时期产权比率的高低有所不同。在通货膨胀加剧时期，企业多负债可以把损失和风险转嫁给债权人；在经济繁荣时期，企业多负债可以获得额外的利润；在经济萎缩时期，少负债可以减少利息负担和财务风险。从债权人的角度看，该指标越低越好，因为产权比率越低，说明企业所有者权益对负债的保障程度越高，企业的长期偿债能力越强，债权人承担的风险越小。但从经营者的角度看，该比率过低，则意味着尽管企业偿还长期债务能力很强，但利用债务因素的财务杠杆能力不足，尚未充分发挥负债经营的作用，从而影响企业的经营业绩，降低企业的盈利能力。因此，在利用产权比率评价企业长期偿债能力时，应从提高经营业绩和增强偿债能力两方面共同考虑，即在保障偿债安全的前提下，若存在财务杠杆效益，应尽可能提高企业的产权比率。

（2）基于利润表视角的财务比率

① 利息保障倍数　利息保障倍数，又称已获利息倍数，是息税前利润与利息费用的比值，表示企业的经营成果承担应付利息费用的能力，其计算公式为：

$$利息保障倍数 = \frac{息税前利润}{利息费用}$$

$$= \frac{税前利润 + 利息费用}{利息费用}$$

$$= \frac{净利润 + 所得税 + 利息费用}{利息费用}$$

该公式中，分母中的"利息费用"指本期的全部应付利息，不仅包括计入利润表财务费用的利息费用，还包括计入资产负债表固定资产等成本的资本化利息；分子中的"利息费用"则是指计入利润表财务费用的利息费用。

例如，企业为构建固定资产而举债，在固定资产在建期间，发生的利息费用应计入资产负债表的"在建工程"项目，作为固定资产价值的增加而不作费用处理，从而形成资本化利息。这项利息未反映在利润表中，但资本化利息也是利息支付的一部分，因此也应列入利息保障倍数的分母，但却不应作为分子的加项列入，因为资本化利息并没有作为利润的减项。

实际计算中，有两种情况会造成利息保障倍数为负：一是分子息税前利润为负，分母利息费用为正，此时利息支出没有保障；二是分子息税前利润为正，分母中替代性的财务费用为负，此时就不应该用财务费用值替代利息费用值进行计算。

通常认为，利息保障倍数在 3 以上时，企业偿付债务利息较有保障。利息保障倍数越高，表明企业偿付利息的能力越强。

② 固定费用偿付比率　除了债务利息，企业还可能有其他固定性支出，如经营性租赁费用等，这些费用也许要定期支付，因此在分析长期偿债能力时，也应加以考虑，便产生了固定费用偿付能力比率。计算时，可根据重要性原则对固定费用进行选择。在考虑经营性租金中的利息支出后，其计算公式为：

$$固定费用偿付比率 = \frac{税前利润 + 利息费用 + 经营性租金中的利息支出}{利息费用 + 经营性租金中的利息支出}$$

固定费用偿付比率是利息保障倍数的扩展形式，是一种更为保守的度量方式。之所以将经营租赁费中的利息部分考虑进来，是因为利润表中的利息费用只包含了与融资租赁有关的利息费用，而经营租赁所导致的费用则被反映为管理费用，但事实上，许多经营租赁也是长期性的，长期性的经营租赁也具有长期筹资的特征，也是一种表外融资。所以，经营租赁费的一部分，事实上也就是相当于负债的利息费用。

（3）基于现金流量表视角的财务比率

现金流量债务比，又称债务保障比率，是经营活动现金流量与债务总额的比值，表明每1元利息费用有多少倍的经营现金流量作保障，其计算公式为：

$$现金流量债务比 = \frac{经营活动现金流量净额}{负债总额} \times 100\%$$

式中的分子"经营活动现金流量净额"，通常取自现金流量表，分母"负债总额"一般来说，采用期末数而非平均数，因为实际需要偿还的是期末金额，而非平均金额。

在这里同样应该注意，同短期偿债能力中的现金流量比率一样，衡量长期偿债能力的现金流量债务比也同样涉及资产负债表和现金流量表两个财务报表。经营活动所产生的现金流量是过去一个会计年度的经营结果，而期末负债总额则是未来一个会计期间需要偿还的债务，二者计算所依据的会计期间不同。因此，实际计算中，也需要考虑未来一个会计年度影响经营活动的现金流量变动的因素。

一般来说，该指标越大，表明企业经营活动产生的现金流量净额越多，能够保障企业按期偿还到期债务，降低企业财务风险。

6.3.3.2　其他指标

除了以上有关长期偿债能力的常用指标，还有一些其他指标，同样从不同角度反映了企业的长期偿债能力。在实际应用中，分析人员不应仅局限于对常用指标的把握，以下这些指标同样可以作为评价企业长期偿债能力的依据。这就需要在分析时根据分析目的和实际情况进行灵活选择。

（1）有形净值债务率

有形净值债务率是将无形资产、长期待摊费用从所有者权益中予以扣除，从而计算企业负债总额与有形资产净值之间的比率，其计算公式为：

$$有形净值债务率＝\frac{负债总额}{所有者权益总额－无形资产－长期待摊费用}×100\%$$

所有者权益代表企业的净资产，它减去无形资产和长期待摊费用后称为有形资产。之所以进一步考察负债对有形资产的比例关系，是因为无形资产（如商誉、商标、专利权）的价值具有较大的不确定性，而长期待摊费用本身就是企业费用的资本化，它们往往不能用于偿债。因此，在企业陷入财务危机或面临清算等特殊情况时，应更加强调有形资产对债权人的保障。有形净值债务率实际上是产权比率的延伸，是更谨慎、更保守地反映债权人利益保障程度的指标。一般该比率越低，说明企业有形资产对负债的保障程度越高，企业的有效偿债能力越强。

（2）长期负债比率

长期负债比率是指企业的长期负债与负债总额的比率，它反映企业负债中长期负债所占的比重。其计算公式为：

$$长期负债比率＝\frac{长期负债}{负债总额}×100\%$$

由于长期负债具有期限长、成本高、财务风险低、稳定性强等特点，长期负债比率的高低，一方面可以反映企业筹措长期负债资本的能力，另一方面也可反映企业借入资金成本和财务风险的高低。在企业资金需求量一定的情况下，提高长期负债比率，可以降低企业对短期借入资金依赖性，从而减轻企业在当期所面临的偿债压力。

（3）或有负债比率

或有负债比率是指企业或有负债总额与股东权益总额的比率，它反映所有者权益对可能发生的或有负债的保障程度，其计算公式为：

$$或有负债比率＝\frac{或有负债余额}{所有者权益总额}×100\%$$

公式中，或有负债总额通常指已贴现商业承兑汇票金额，加对外担保金额，加未决诉讼及未决仲裁金额，加其他或有负债金额。或有负债比率实际上是对影响企业长期偿债能力的表外因素的指标化，将降低企业长期偿债能力的债务担保和未决诉讼具体化，更加直接地反映了该因素对企业长期偿债能力的影响程度。

一般情况下，或有负债比率越低，表明所有者权益对或有负债的保障程度越高，企业长期偿债能力越强；或有负债比率越高，企业承担的相关风险和不确定性就越大，长期偿债能力就越弱。

（4）长期资产适合率

长期资产适合率是指企业所有者权益和长期负债之和与固定资产和长期投资之和的比率，它从企业资源配置的角度反映了企业的长期偿债能力，其计算公式为：

$$长期资产适合率 = \frac{所有者权益总额 + 长期负债总额}{固有资产 + 长期投资} \times 100\%$$

从企业长期资产与长期资本之间的平衡性与协调性角度看，长期资产适合率反映了企业财务结构的稳健程度和财务风险的大小，同时也反映了企业资金使用的合理程度，有利于分析企业是否存在盲目投资、长期资产是否挤占流动资金等问题，便于加强内部的监管与控制。

从维护企业财务结构的稳定和长期安全性的角度看，长期资产适合率指标大于1较好，但不能过高，因为该比率过高又会导致企业融资成本增加。如果长期资本适合率过低，说明企业使用了一部分短期资金进行长期投资，这对于企业短期偿债能力是一个十分危险的信号。所以，企业应根据具体情况，参照行业平均水平确定该指标的合理值。

6.4 长、短期偿债能力的联系和区别

6.4.1 长期偿债能力与短期偿债能力的联系

（1）两者都是从特定资产与特定负债的相对关系的角度揭示企业的财务风险

① 无论是短期偿债能力，还是长期偿债能力，反映在财务指标上，均是特定资产与特定负债的比较，尽管纳入比较的资产和负债在范围上有所不同，但就反映资产对负债的相对关系这一点是相同的。

② 无论是短期偿债能力，还是长期偿债能力，均是与企业财务风险相关的财务范畴。

所谓财务风险，可以从狭义和广义两种方式理解。

a. 狭义的财务风险是指由资本结构所引起的收益变动风险，这也是一般意义上的财务风险，它通常是以财务杠杆系数来衡量。

b. 广义的财务风险除包括狭义上的财务风险外，还包括由负债所引起的破产风

险，这是最高层次的财务风险。

破产的风险分为支付不能（即不能支付到期债务）和资不抵债（即资产总额低于负债总额，或者说所有者权益为负数）两方面。其中，前者说明的是短期偿债能力问题，而后者则属长期偿债能力问题，因此说短期偿债能力与长期偿债能力均是与企业财务风险相关的财务范畴。

（2）两者在指标值方面存在着相互影响、相互转化的关系

① 企业各种长、短期债务在一定程度上只是一种静态的划分，随着时间的推移，长期负债总会变成短期负债，而部分短期负债又可为公司长期占用。这样，在资产结构及负债规模一定的情况下，当企业长期负债转化为短期负债时，就会导致流动比率、速动比率等指标值下降，即短期偿债能力减弱，反之则相反。

② 在长期借款取得的初期，大多以现金的形式存在，这样，随着长期借款的借入，将会导致长期资产对长期负债比率下降的同时，流动比率、速动比率以及现金比率等短期偿债能力指标上升，即指标所反映的长期偿债能力下降，而短期偿债能力增强。

（3）两者都会受制于企业的经营能力

无论是短期偿债能力，还是长期偿债能力，均是与企业的经营能力息息相关的。经营能力强，表明资产周转快，这一方面意味着资产的变现能力强，从而能使企业维持较强的短期偿债能力；另一方面，资产周转快能使特定数量的资产在一定期间的盈利机会增多，经营利润增大，这样，在利润资本化程度一定的情况下，必将使资产和所有者权益同时增加，进而使资产负债率等指标下降，从指标上则体现为长期偿债能力增强。

6.4.2　长期偿债能力与短期偿债能力的区别

（1）两者的实质内容不同

由于短期偿债能力反映的是企业保证短期债务有效偿付的程度，而长期偿债能力反映的是企业保证未来到期债务有效偿付的程度。因此，短期偿债能力的实质内容在于现金支付能力，长期偿债能力的实质内容则在于资产、负债与所有者权益之间的构成及比例关系，也就是企业的财务结构和资本结构。

（2）两者的稳定程度不同

短期偿债能力所涉及的债务偿付一般是企业的流动性支出，这些流动性支出具有较大的波动性，从而使企业短期偿债能力也呈现出较大的波动性；而长期偿债能力所涉及的债务偿付一般是企业的固定性支出，只要企业资本结构和盈利水平不发生显著变化，企业的长期偿债能力也将呈现出相对稳定性的特征。

（3）两者的物质承担者不同

短期偿债能力的物质承担者是企业流动资产，流动资产的量与质是企业短期偿债能力的力量源泉；而长期偿债能力的物质承担者是企业的资本结构及企业的盈利水平，资本结构的合理性及企业盈利能力是企业长期偿债能力的力量源泉。

6.5　案例解读：企业短期偿债能力的分析

6.5.1　案例描述

DQ 股份有限公司（以下简称"DQ 公司"）有一笔债务即将到期，公司财务人员想通过计算分析，了解企业目前的短期偿债能力和财务状况，该公司 2022 年的资产负债表（部分）和现金流量表主要项目金额如表 6-1、表 6-2 所示。

表 6-1　DQ 公司资产负债表（部分）

2022 年 12 月 31 日　　　　　　　　　　　　　　　　单位：万元

资产	期末	期初	负债和所有者权益	期末	期初
货币资金	52.8	30.0	流动负债合计	360.0	264.0
交易性金融资产	7.2	14.4	非流动负债合计	888.0	696.0
应收票据	16.8	13.2	负债合计	1 248.0	960.0
应收账款	477.6	238.8			
其他应收款	14.4	26.4			
流动资产合计	840.0	732.0			
非流动资产合计	1 560.0	1 284.0	所有者权益合计	1 152.0	1 056.0
资产总计	2 400.0	2 016.0	负债和所有者权益总计	2 400.0	2 016.0

表 6-2　DQ 公司现金流量表主要项目金额

单位：万元

项目	金额
经营活动现金流量净额	387.6
现金及现金等价物净增加额	22.8
期末现金及现金等价物余额	52.8

6.5.2 案例要求

根据以上财务数据，对公司的短期偿债能力进行分析。

6.5.3 案例分析

根据以上财务数据，可对 DQ 公司的短期偿债能力进行分析的步骤如下：

（1）计算 DQ 公司的营运资本和流动比率

① 营运资本：

$$本年营运资本 = 840-360 = 480（万元）$$
$$上年营运资本 = 732-264 = 468（万元）$$

其营运资本为正数，表明企业的流动负债有足够的流动资产作为偿付的保证，同时，如果单从绝对数额上看，似乎偿债能力有所提高。（注：此结论片面）

② 流动比率：

$$本年流动比率 = 840 \div 360 = 2.33$$
$$上年流动比率 = 732 \div 264 = 2.77$$

流动比率假设全部流动资产都可用于偿还流动负债。DQ 公司的流动比率由上年的 2.77 下降至本年的 2.33，流动比率降低了 0.44（2.77-2.33），意味着每 1 元流动负债的流动资产补偿减少了 0.44 元，短期偿债能力实际上是减弱了的，但在绝对指标分析中，如果忽视了比率分析，仅从流动资产超过流动负债的绝对数额（即营运资本）来看，本年 480 万元的流动资本比上年的 468 万元增加了 12 万元，就容易导致错误的判断。

由于流动比率假设全部流动资产都可用于偿还流动负债，但事实上企业不可能清偿所有的流动资产，因此流动比率也只是对短期偿债能力的粗略估计，不可以偏概全，还需要借助其他指标共同分析。

（2）分解流动资产

根据公司资产构成，对流动资产中占比较重的资产项目重点关注，分析流动比率的变动原因。一般来说，存货和应收账款是企业流动资产的重要组成部分，应分别计算存货周转率和应收账款周转率。

如果计算出的存货周转率较高，符合行业标准或者可以通过了解企业内部管理或生产需要对指标过高进行合理解释，则说明 DQ 公司本年短期偿债能力的降低有可能并不是由存货因素导致的，需要进一步查明导致流动比率降低的原因。但如果存货周转率也低，则由流动比率计算出的本年相比上年短期偿债能力减弱的结论就有可能是错误的，需要进一步考察分析。

此处假设 DQ 公司存货周转速度过慢。

（3）进一步计算速动比率，考察速动比率的水平和质量

本年速动比率＝（52.8 ＋ 7.2 ＋ 16.8 ＋ 477.6 ＋ 14.4）÷360 ＝ 568.8÷360 ＝ 1.58

上年速动比率＝（30 ＋ 14.4 ＋ 13.2 ＋ 238.8 ＋ 26.4）÷264 ＝ 322.8÷264 ＝ 1.22

由于速动比率提出了存货、预付款项、一年内到期的非流动资产及其他流动资产等变现能力较弱的资产，能更加客观地反映企业的短期偿债能力，因此被视为流动比率的重要辅助指标。速动比率假设全部速动资产都可用于偿还流动负债，DQ 公司的速动比率由上年的 1.22 上升至本年的 1.58，速动比率提高了 0.36（1.58-1.22），意味着每 1 元流动负债的速动资产保障增加了 0.36 元。

在利用速动比率进行短期偿债能力分析时，要特别注意应收款项的变现能力。有些企业速动比率高，可能是由于存在大量应收账款积压，无法收回，实际坏账可能比账面计提的准备要多，因此在企业存在大量应收账款时，速动比率的分析可适当结合企业应收账款的账龄和应收账款的周转率大小，以便进行合理判断。如果速动比率低于同行业水平，则应确认是否是应收账款周转速度过慢，如是，则可进一步计算现金比率，并与上年或行业平均值比较，得出结论。

此处假设 DQ 公司应收账款周转速度过慢。

（4）进一步计算现金比率

本年现金比率＝（52.8 ＋ 7.2）÷360 ＝ 60÷360 ＝ 0.167

上年现金比率＝（30 ＋ 14.4）÷264 ＝ 44.4÷264 ＝ 0.168

DQ 公司的现金比率比上年略微下降 0.001，说明企业为每 1 元流动负债提供的现金资产保障降低了 0.001 元。

较高的现金比率，说明企业的短期偿债能力较强，但在正常情况下，现金比率过高，可能意味着公司没有充分利用现金资源，但若企业正处在投融资时点，现金比率偏高也属于正常现象。因此，在分析该比率时，要结合企业在分析时点前后的重大融资和投资活动进行比较。

（5）可进一步计算企业的现金流量比率

本年现金流量比率＝387.6÷360 ＝ 1.08

与前几个指标相比，现金流量比率从现金流入和流出的动态角度对企业的实际偿债能力进行考察，因此更具说服力。在实际分析中，对企业指标的比较需要结合企业上期或行业平均水平进行综合分析。在指标的选择和运用上，应注意各指标之前分析的局限性和不同的侧重点，不能仅根据某一指标对企业的短期偿债能力做出结论。

6.6 案例解读：企业长期偿债能力的分析

6.6.1 案例描述

CQ 股份有限公司（以下简称"CQ 公司"）计划建设某工程项目，希望通过负债方式筹集工程资金，于是向银行提出申请 800 万元的长期贷款，并向银行提交公司相关财务报表。银行需要通过了解公司实际财务状况、分析 CQ 公司长期偿债能力，判断债权能否及时收回及是否能按期取得利息。CQ 公司 2022 年的资产负债表（部分）和利润表、现金流量表主要项目金额如表 6-3 ～表 6-5 所示。

表 6-3　CQ 公司资产负债表（部分）

2022 年 12 月 31 日　　　　　　　　　　　　　　　　单位：万元

资产	期末	期初	负债和所有者权益	期末	期初
货币资金	67	45	流动负债合计	550	200
交易性金融资产	10	16	非流动负债合计	950	700
应收票据	20	17	负债合计	1 500	900
应收账款	620	340			
其他应收款	19	24			
流动资产合计	906	522			
非流动资产合计	1 724	1 358	所有者权益合计	1 130	980
资产总计	2 630	1 880	负债和所有者权益总计	2 630	1 880

表 6-4　CQ 公司 2022 年利润表主要项目　　　　　　　　　单位：万元

项　目	本年金额	上年金额
营业收入	3 500	2 950
财务费用	130	85
利润总额	350	298
所得税费用	94	82
净利润	256	216

表 6-5 CQ 公司 2022 年现金流量表主要项目金额　　　　单位：万元

项目	金额
经营活动现金流量净额	546
现金及现金等价物净增加额	22
期末现金及现金等价物余额	67

6.6.2 案例要求

根据以上财务数据，对公司的长期偿债能力进行分析。

6.6.3 案例分析

根据以上财务数据，可对 DQ 公司的长期偿债能力进行分析的步骤如下：

（1）首先，计算分析 CQ 公司的资本结构现状，判断企业的财务安全状况

① 资产负债率　从负债总额占资产总额大小的角度分析：

$$本年资产负债率 = 1\,500 \div 2\,630 \times 100\% = 57.03\%$$
$$上年资产负债率 = 900 \div 1\,880 \times 100\% = 47.87\%$$

企业的资产负债率保持在 50% 左右较为合理。从计算结果分析，CQ 公司本年和上年的资本负债率基本保持在一个较为正常的水准，本年较上年资产负债率略有提升，有可能是企业扩大规模的原因导致。但总体来说，指标上显示 CQ 公司资产负债水平较为合理，具有较好的偿债能力。

② 所有者权益比率和权益乘数　从所有者权益总额占资产总额大小的角度分析：

$$本年所有者权益比率 = 1\,130 \div 2\,630 \times 100\% = 42.97\%$$
$$上年所有者权益比率 = 980 \div 1\,880 \times 100\% = 52.13\%$$
$$本年权益乘数 = 2\,630 \div 1\,130 = 2.33$$
$$上年权益乘数 = 1\,880 \div 980 = 1.92$$

一般来说，所有者权益比率越高，说明企业资产中由投资人所提供的资金形成的资产越多，偿还债务的保障越高，企业长期偿债能力就越强，财务风险就越低。同样，权益乘数越大，说明所有者投入的资本在资产中所占的比重越小，负债程度越高，可能给企业带来更大的杠杆利益，但也会伴随更大的风险。

③ 产权比率　从投资者投入对偿还债务的资金保障程度的角度分析：

$$本年产权比率 = 1\,500 \div 1\,130 \times 100\% = 132.74\%$$

上年产权比率＝900÷980×100%＝91.84%

产权比率越高，说明企业所有者权益对负债的保障程度越低，企业长期偿债能力越弱，债权人承担的风险越大，反之则相反。但该比率过低，意味着尽管企业偿还长期债务能力很强，但利用债务因素的财务杠杆能力不足，尚未充分发挥负债经营的作用，从而影响企业的经营业绩。因此，在利用产权比率评价企业长期偿债能力时，应从提高经营业绩和增强偿债能力两方面共同考虑，即在保障偿债安全的前提下，若存在财务杠杆效益，应尽可能提高企业的产权比率。

分析中可以看出，上述指标在衡量企业资本结构时的本质是相同的，只不过是侧重点不同。例如产权比率与资产负债率对评价偿债能力的区别在于资产负债率侧重分析债务偿付安全性的物质保障程度，产权比率则侧重揭示财务结构的稳定程度及自有资金对偿债风险的承受能力，但在实际分析中，由于每一个企业的风险偏好不同，对于这些指标的衡量并没有一个明确的范围。总体来说，只要企业的资产负债率保持在一个合理的范围之内，企业的长期偿债能力基本可以保障。

同时，要特别注意，任何一项指标分析的运用，都要结合现实情况的原因分析，不能仅停留在指标计算表面，目的是辅助决策者进行判断，因此实际操作中要挖掘现象背后的原因。

（2）对企业负担利息和固定支出能力进行分析，评价企业对债务偿还的保障程度

① 利息保障倍数：

本年利息保障倍数＝（256＋94＋130）÷130＝3.69

上年利息保障倍数＝（216＋82＋85）÷85＝4.51

从计算结果来看，CQ 公司两年的利息保障倍数都在 3 以上，企业偿付债务利息较有保障。

注：实际工作中，由于利息保障倍数的数值在不同会计年度可能会有较大波动，因此为考察偿付利息能力的稳定性，一般会计算五年的利息保障倍数，同时选择五年中最低的利息保障倍数作为基本的偿付利息能力指标。

② 现金流量债务比：

本年现金流量债务比＝546÷1500＝0.36

现金流量债务比是从流量的角度对指标进行分析，经营活动现金流量反映了企业持续产生现金的能力，若企业仅凭经营活动产生的现金流量就能保障全部债务的偿还，则说明企业的前景较为乐观，偿债能力也就较强。也就是说，该指标值越大，表明企业经营活动产生的现金流量净额越多，能够保障企业按期偿还到期债务，企业财务风险较低。

第 **7** 章
营运能力分析

▼

- 营运能力是指企业经营运行的能力,即企业运用各项资产以赚取利润的能力。一般表现为营运资产的效率与效益。企业营运能力分析就是要通过对反映企业资产营运效率与效益的指标进行计算与分析,评价企业的营运能力,为企业提高经济效益指明方向。

7.1　营运能力分析概述

从产出角度而言，企业资产周转速度越快，资产使用效率越高，资产创造的效益也就越高；从投入角度来看，企业营运能力越高，产出同样的效益所占用的资产越少，既能节约资源，又能降低资产使用成本。因此，提高企业的营运能力是更多企业追求的目标。

7.1.1　营运能力分析的目的

企业营运能力分析可作为盈利能力分析和偿债能力分析的补充，对营运能力进行分析的目的主要有三个：

① 评价企业资产营运的效率与效益。

② 便于发现企业在资产营运中存在的问题。

③ 挖掘企业资产的利用潜力。

7.1.2　营运能力分析的内容

营运能力反映企业对现有资产的管理水平和使用效率，主要表现为各种资产的运转能力。跟偿债能力分析一样，按照资产流动性的不同，一般将企业资产划分为流动资产和非流动资产两大类。

企业营运能力分析包括流动资产周转情况的分析、非流动资产（固定资产）周转情况的分析和总资产营运能力的分析。

（1）对企业流动资产周转情况的分析

流动资产周转情况分析主要是通过计算有关指标来反映企业流动资产的利用效率，表明企业在经营管理活动中运用流动资产的能力，这些指标通常包括应收账款周转率分析、存货周转率分析、企业营业周期分析、流动资产周转率等。

（2）对企业非流动资产（固定资产）周转情况的分析

非流动资产是企业进行生产经营活动所必不可少的物质基础，其投资能否收回及投资效果的好坏，取决于非流动资产的使用效率。对非流动资产使用效率影响最大的是固定资产，因此，对非流动资产营运能力分析将着重分析固定资产的使用情况、固定资产的周转情况等内容。

（3）对企业总资产营运能力的分析

总资产营运能力分析集中反映总资产的周转情况，主要对总资产周转率进行分析，因此被视为是企业全部资产利用效果的综合反映。

7.2 流动资产周转情况分析

7.2.1 流动资产周转情况分析概述

一般来说，应收账款和存货是企业流动资产中较为重要的组成部分，因此，对流动资产周转情况的分析要结合应收账款和存货一并进行分析，即分别计算其周转率和周转天数，从而计算求得企业的营业周期，最终对公司目前的流动资产状况进行评价。

7.2.2 企业流动资产周转情况指标

（1）应收账款周转率分析

① 应收账款周转率的计算与分析　应收账款是流动资产的重要组成部分，及时收回应收账款，不仅可以增强企业的短期偿债能力，也反映出企业管理应收账款方面的效率，通常这种效率用应收账款周转率来进行衡量。应收账款周转率，又称为应收账款周转次数，是一定时期内企业赊销收入净额与应收账款平均余额的比值，其计算公式为：

$$应收账款周转率 = \frac{赊销收入净额}{应收账款平均余额} \times 100\%$$

$$赊销收入净额 = 赊销收入 - 赊销退回 - 赊销折让 - 赊销折扣$$

$$应收账款平均余额 = \frac{期初应收账款余额 + 期末应收账款余额}{2}$$

应收账款周转率反映了企业应收账款变现速度和管理层对应收账款的管理效率。通常，企业的应收账款周转率越高，说明一定时期内企业应收账款的周转次数越多，回收速度越快，流动性越强，企业应收账款的管理效率越高。反之，如果企业有过多资金呆滞在应收账款上，资金不能及时回流，既影响资金的正常周转，更可能影响企业向银行还款付息的能力。提高应收账款周转率不仅能有效减少坏账损失和收账费用，减少流动资金的占用，提高企业的营运效率，还能增强流动资产的流动性，提高企业的短期偿债能力。因此，应收账款周转率指标不仅仅是企业营运资金能力的体现，也是银行综合考虑企业还款能力的一个重要方面，常被作为企业短期偿债能力的辅助指标进行使用。

应收账款的周转效率还可以用应收账款周转天数来表示，其计算公式为：

$$应收账款周转天数 = \frac{计算期天数}{应收账款周转率}$$

其中，计算期天数一般为一个日历年度的天数，即 365 天，有时为简化计算，也取值为 360 天。

应收账款周转率越高，应收账款周转天数越少，说明企业收款迅速，该项资产的流动性较好。同时，周转越快，说明企业的盈利性越强，发生坏账损失的可能性越小。

② 计算应收账款周转率注意事项　在计算应收账款周转率时，要特别关注以下几个问题：

a. 应收账款应当包含应收票据。大部分应收票据是销售形成的，是应收账款的另一种形式，应将其纳入应收账款周转率的计算，称为"应收账款及应收票据周转率"。

b. 赊销收入净额的取值。从理论上讲，应收账款是赊销引起的，其对应的是赊销额，而非全部销售收入。因此，计算时应使用赊销额而非销售收入。但是，外部分析人员无法取得赊销数据，只能以利润表中的营业收入直接替代计算。实际上相当于假设现销是收现时间等于零的应收账款。对于同一企业的内部分析来说，只要现销与赊销的比例保持稳定，不妨碍与上期数据的可比性，只是一贯高估了周转次数。但是对于不同企业间应收账款周转率的比较，则应更多考虑不同企业间的信用政策、客户信用状况、企业提取坏账准备的多少等因素的影响。

c. 应收账款平均余额的取值。对于外部分析者，一般会选用应收账款净额。一方面数据容易从财务报表中获取，另一方面其更关系应收账款的实际价值。而对于内部分析者，选用应收账款原值则更为合适。尽管部分应收账款计提了减值准备，但企业仍有将其收回的义务，只是在会计政策下基于谨慎性原则的一种会计处理。如果内部分析使用应收账款净额计算周转率，容易使企业管理层放松对这部分坏账的催收。其结果是，计提的坏账准备越多，应收账款周转次数越多、天数越少。然而这种周转次数的增加、天数的减少不是业绩改善的结果，反而说明应收账款管理欠佳。同时，考虑到应收账款反映的是某一时点的存量，容易受季节性、偶然性和人为因素影响。在用应收账款周转率进行业绩评价时，也可按照四个季度的季末平均数或按十二个月的月末平均数计算，以减少这些因素的影响。

d. 应收账款周转天数是否越少越好。虽然应收账款周转天数越少，说明企业应收账款管理水平越高，但这种现象有可能是由于过于严格的信用政策引起的，会对企业扩大销售、提高市场占有率产生不利影响。例如，X 企业的应收账款周转天数是 15 天，信用期是 20 天；Y 企业的应收账款周转天数是 14 天，信用期是 10 天。显然前者的收款业绩优于后者，尽管其周转天数较多。

③ 应收账款周转率分析注意事项　对应收账款周转率的进一步分析，需要注意以下几个问题：

a. 注意具体分析影响应收账款周转率下降的原因。应收账款周转率下降的主要原因有企业的信用政策不当、客户故意拖延和客户财务困难、同业竞争、物价水平波动等。过快的应收账款周转率可能是由紧缩的信用政策引起的，其结果可能会危及企业的销售增长，损害企业的市场占有率。应收账款是赊销引起的，如果赊销有可能比现金销售更有利，周转天数就不会越少越好。同时，收现时间的长短与企业的信用政策有关，改变信用政策，通常会引起企业应收账款周转天数的变化。信用政策的评价涉及多种因素，不能仅仅考虑周转天数的缩短。

b. 注意应收账款是时点指标，易于受季节性、偶然性和人为因素的影响。为了使该指标尽可能接近实际值，最好同时采用账龄分析法计算应收账款的平均数，并采用尽可能详细的资料。

c. 应收账款的分析应与销售分析、现金分析联系起来。应收账款的起点是销售，终点是现金。正常的情况是销售增加引起应收账款增加，现金的存量和经营现金流量也会随之增加。如果一个企业应收账款日益增加，而销售和现金日益减少，则可能是销售出了比较严重的问题，促使其放宽信用政策，甚至随意发货，而现金收不回来。将该比率联系存货周转率分析，可大致说明企业所处的市场环境和管理的营销策略。

（2）存货周转率分析

① 存货周转率的计算与分析　存货周转率是一定时期内企业销售成本或销售收入与存货平均余额的比值，其计算公式为：

$$存货周转率 = \frac{销售成本（销售收入）}{存货平均余额}$$

$$存货平均余额 = \frac{期初存货余额 + 期末存货余额}{2}$$

其中，分子是使用"销售收入"还是"销售成本"作为周转额，要看分析的目的，以确定周转率的计算口径。一是以销售为基础的存货周转率，在短期偿债能力分析中，为了评估资产的变现能力需要计量存货转换为现金的数量和时间，应采用"销售收入"；在分解总资产周转率时，为系统分析各项资产的周转情况并识别主要的影响因素，应统一使用"销售收入"计算存货周转率。二是以成本为基础的存货周转率，为了评估存货管理的业绩，应当使用"销售成本"计算存货周转率，使其分子和分母保持口径一致。实际上，两种周转率的差额是毛利引起的，用哪一个计算都能达到分析的目的。

存货周转率反映了存货的周转速度和企业的销售能力。通过计算存货周转率等指标，可以对企业短期偿债能力进行衡量，补充流动比率与速动比率的不足；与流动比率、速动比率配合，可以更全面、准确地综合评价企业的短期偿债能力。通常，存货周转率越高越好。存货周转率高，一方面说明企业存货流动性好，变现能力强，可以有效减少或避免存货呆滞而造成的损失；另一方面说明企业销售能力较强，产销与购销之间配合较好，是一个衡量和评价企业供产销等各环节管理效率的综合性指标。

存货的周转效率还可以用存货周转天数来表示，其计算公式为：

$$存货周转天数 = \frac{计算期天数}{存货周转率}$$

存货周转天数和存货周转率都是反映存货周转情况的指标，两者互为倒数。其中，计算期天数一般为一个日历年度的天数，即365天，有时为简化计算，也取值为360天。存货周转率侧重反映一定期间存货周转的次数，存货周转天数则侧重反映存货周转一次所需经历的时间。显然，存货周转天数越少，变现速度越快，企业短期偿债能力越强，存货管理效率越高。

② 计算存货周转率注意事项　计算存货周转率时也应注意以下几个问题：

a. 存货计价方法的影响。在分析和评价存货周转率时，不同的存货计价方法会产生不同的影响，即使为同一企业，如果企业中途进行存货计价方法的变更，再利用该指标进行分析时应考虑指标的可比性。

b. 存货周转速度并非越快越好。存货过多会浪费资金，存货过少不能满足流转需要，在特定的生产经营条件下，企业应确定一个合理的存货水平，以使存货成本最低。

c. 销售订单与存货之间关系的影响。一般来说，销售增加会引起应收账款、存货、应付账款的增加，但一般不会引起存货周转率的明显变化。一般表现为在销售订单没有实现销售以前，先表现为存货等周转天数增加。这种周转天数增加预示着好的销售前景。反之，如果企业销售预期出现萎缩，通常会先减少存货，进而引起存货周转天数等下降。这种周转天数下降预示着不好的销售前景，而并非资产管理的改善。

d. 应关注构成存货内部结构的比例变化。一般来说，存货主要受到原材料、在产品和产成品周转情况的影响。这些重大变动的解释，一般会在报表附注中披露。正常情况下，它们之间存在某种比例关系。如果产成品大量增加，其他项目减少，很可能是销售不畅，生产减少。此时，可能并未引起存货周转率的显著变化，但却预示着企业销售情况的改变。因此，在财务分析时也要关注存货内部结构的比例变化。

③ 应收账款周转率与存货周转率结合分析　前面在应收账款周转率的计算中提到，应收账款周转率应结合存货周转率一起分析，用以说明企业所处的市场环境和管理的营销策略。若应收账款周转率与存货周转率同时上升，表明企业的市场环境优越，前景看好；若应收账款周转率上升，而存货周转率下降，可能表明企业因预期市场看好，而扩大产购规模或紧缩信用政策，或两者兼有；若存货周转率上升，而应收账款周转率下降，可能表明企业放宽了信用政策，扩大了赊销规模，这种情况可能隐含着企业对市场前景的预期不甚乐观，应予以警觉。

总之，应收账款周转率和存货周转率的分析密不可分，都是企业流动资产周转情况分析的重要因素。

（3）营业周期分析

营业周期是指企业从取得存货开始到销售完成并收回现金所需的时间，即应收账款周转天数与存货周转天数之和，其计算公式为：

营业周期＝应收账款周转天数＋存货周转天数

营业周期的长短是决定企业流动资产需要量的重要因素。营业周期越短，说明企业资金周转速度越快，盈利能力越强，流动资产的管理水平越高，反之越低。

相对应收账款周转率和存货周转率两个指标，营业周期在由于企业采用不同信用政策和存货计价方法导致的指标单独使用的不可比性方面具有一定的改善作用。在对企业流动资产周转情况进行分析时，可根据需要选取不同的指标进行分析，以达到合理评价。

7.3　固定资产周转情况分析

7.3.1　固定资产周转情况分析概述

一般来说，对固定资产周转情况分析的主要指标是固定资产周转率。

在进行固定资产周转率分析时，应以企业历史水平和同行业平均水平作为标准，从中找出差距，努力提高固定资产周转速度。

固定资产周转率越高，说明固定资产的利用效率越高；固定资产周转率越低，说明固定资产存量过多或设备闲置。与同行业其他企业相比，如果固定资产周转率较低，意味着企业生产能力过剩。固定资产周转率较高，一方面可能是由于企业较好地利用设备引起的；另一方面也可能是由于设备老化即将折旧完毕造成的。在后一种情况下，可能会导致企业以较高的生产成本却取得较低利润的情况，使企业将来固定资产的更新改造更加困难。企业一旦形成固定资产过剩的局面，除了想方设法充分利用以扩大销售外，没有其他更好的有效方法。

7.3.2　固定资产周转及更新情况指标

（1）固定资产周转情况指标

反映企业固定资产周转情况的主要指标是固定资产周转率。固定资产周转率，又称固定资产利用率，是企业营业收入与平均固定资产净值的比值，表示在一定时期内固定资产周转的次数，说明每1元固定资产支持的营业收入，其计算公式为：

$$固定资产周转率＝\frac{营业收入}{固定资产平均净值}$$

$$固定资产平均净值＝\frac{期初固定资产净值＋期末固定资产净值}{2}$$

其中要注意区分固定资产原价、固定资产净值和固定资产净额的区别：固定资产原价是固定资产的历史成本，通常为购入时的入账价值；固定资产净值等于固定资产原值减累计折旧；固定资产净额，又称固定资产账面价值，等于固定资产原价减累计折旧，再减已计提的减值准备。

一般情况下，固定资产周转率越高，表明企业固定资产利用越充分，说明企业固定资产投资得当，能够较充分地发挥固定资产的使用效率；反之，则表明固定资产使用效率不高，企业的营运能力较差。企业生产经营用固定资产越多，设备生产能力利用效率越好，就越能提高产量，增加产值。所以，管理者应促进改善固定资产的配备，提高设备生产率，并加速产品的销售与利润的实现，提高生产经营的经济效果。

对于同一企业来说，即使主营业务收入不变，由于固定资产净值逐渐年少，固定资产周转率会呈现上升趋势，但这并非企业营运能力增强的体现。因此，在分析固定资产周转率时，应注意以下几个问题：

① 这一指标的分母采用平均固定资产净值，因此指标的比较将受到固定资产的新旧程度、固定资产的更新速度及不同折旧方法的影响，应注意其可比性问题。

② 由于固定资产单位价值较高，因而其增加往往不是渐进的，而是陡然上升的，这会导致固定资产周转率突然出现较大变化。

③ 当企业固定资产净值率过低（如因资产陈旧或过度计提折旧），或者当企业属于劳动密集型企业时，这一比率就可能没有太大的意义。

④ 企业固定资产一般采用历史成本记账，在企业的固定资产、销售等均未发生变化的情况下，也可能会因通货膨胀而导致固定资产周转率提高，而实际上企业固定资产利用率并无变化。

$$固定资产周转天数 = \frac{计算期天数}{固定资产周转率}$$

固定资产周转天数表示在一个会计年度内，固定资产转换成现金平均需要的时间，即平均天数。固定资产的周转次数越多，则周转天数越短；周转次数越少，则周转天数越长。

通常，固定资产周转率主要用于分析对厂房、设备等固定资产的利用效率。在许多行业，如钢铁、电力、通信等，固定资产通常占企业总资产的比例较大，在这些公司中，固定资产周转率有着举足轻重的作用。

固定资产周转率越高，固定资产周转天数越少，说明固定资产周转速度越快，固定资产营运能力较强。如果固定资产周转率与同行业平均水平相比偏低，则说明企业对固定资产的利用率较低，可能会影响企业的获利能力。它反映了企业资产的利用程度。

反映固定资产周转情况的主要指标是固定资产周转率。在对固定资产周转情况进行分析时，必须充分结合流动资产的投资规模、周转额、周转速度才更有价值，这也要求分析人员对企业整体情况必须十分了解。固定资产周转率反映出既定质量的固定资产通过对流动资产价值转换规模与转换速率的作用而对实现营业收入所做出的贡献。一般而言，固定资产的质量和使用效率越高，其推动流动资产运行的有效规模越大，周转率越快，实现的周转额也就越多。因此，在不断提高流动资产自身营运能力的同时，如何卓有成效地提高固定资产的质量与使用效率，并相对节约固定资产投资，扩大流动资产规模，加速流动资产价值的转换效率，从而实现更多的营业收入，也成为固定资产营运效率分析的又一重点内容。

同时上述计算分析过程中，可以发现固定资产周转率的计算受诸多因素的影响，这些因素可大致总结为以下几个：

① 企业资产结构以及固定资产结构的影响。固定资产占资产总额比例小，经营性固定资产占固定资产总额比例大，则固定资产周转率就高。

② 企业经营策略和固定资产更新换代的影响。经营租入固定资产比融资租入固定资产能提高固定资产周转率，因为经营租入的固定资产不能入账，而融资租入固定资产则必须入账；同时企业增加固定资产也会导致固定资产周转率出现突然的变化。

③ 企业会计政策的影响。固定资产周转率还受计提折旧和减值损失的影响，计提折旧的快慢以及计提固定资产减值的多少会影响固定资产的价值金额。

（2）固定资产更新分析指标

由于固定资产周转率会受到固定资产更新的影响，因此，也可以利用对固定资产更新情况的分析，辅助分析了解固定资产的周转情况，主要指标有固定资产更新率和固定资产退废率。

① 固定资产更新率　固定资产更新率是反映固定资产更新程度的指标，是指当年新增固定资产原值与年初固定资产原值的比值，其公式为：

$$固定资产更新率 = \frac{当年新增固定资产原值}{年初固定资产原值} \times 100\%$$

当年新增固定资产原值，可以采用年末固定资产原值减年初值获得，固定资产原值需要从报表附注中获得。由于科技的快速发展，企业只有不断淘汰落后的机器设备，才能使生产保持先进水平，但更新最低的界限至少应等于固定资产的退废率。

② 固定资产退废率　固定资产退废率是指企业全年退废固定资产原值（包括正常、非正常报废的固定资产以及本企业不需要使用而出售或投资转出的固定资产）对年初固定资产原值的比值，其计算公式为：

$$当年固定资产退废率＝\frac{当年退废固定资产原值}{年初固定资产原值}×100\%$$

该指标反映了一年报废的固定资产的原始价值在全部固定资产价值中的比重。固定资产的退废，要有相应的固定资产的更新预置配套，这样才能维持企业再生产规模，所以对该指标的分析应结合固定资产更新率进行。一般来说，新建企业固定资产的更新率较低，而老企业更新率和退废率指标都较高。

7.4　总资产营运能力分析

7.4.1　总资产营运能力分析概述

一般来说，对总资产周转情况分析的主要指标是总资产周转率。

在对总资产周转率分析评价时，要考虑企业的行业特征和经营战略，在与同行业企业总资产周转率进行对比分析时，还要结合企业的销售净利率和权益乘数、净资产收益率来综合衡量。总资产周转率是一个包容性很强的综合指标，从分析评价的角度来说，它受到流动资产周转率、应收账款周转率和存货周转率等指标的影响。

因此，通常情况下，在计算企业总资产周转率后，会对企业进行总资产周转率的驱动因素分析，即在销售收入既定的情况下，通过对总资产各组成项目的分解，了解总资产周转率变动是由哪些资产项目引起的，以及什么是影响较大的因素。

企业的总资产营运能力取决于每一项资产周转情况，对企业总资产营运能力的分析，主要是分析总资产周转率和总资产周转天数这两个指标。影响总资产营运能力的主要因素是企业营业收入水平和各项分类资产的利用效率。所以，在进行企业总资产营运能力分析时，首先要确定各项资产在总资产中的比重，特别是流动资产和固定资产的比例关系，防止流动资产或固定资产闲置；其次，要特别注意各项资产的利用效率，尤其是流动资产中的应收账款和存货周转速度，以及固定资产的利用效率。总资产周转速度受流动资产周转速度的影响较大，因此，流动资产在总资产中所占的比重越大，总资产的周转速度就越快。

7.4.2　总资产营运能力指标

反映企业总资产营运能力的主要指标是总资产周转率。

（1）总资产周转率

总资产周转率是一定时期内营业收入与资产平均余额的比值，表示一定时期内总资产周转的次数，说明每 1 元总资产支持的营业收入，其计算公式为：

$$总资产周转率＝\frac{营业收入}{资产平均余额}$$

总资产周转率综合反映了企业经营能力和资产使用效率的变化。通常，总资产周转率较低，说明企业利用各项资产进行经营的效率较差，资产结构不合理，企业获利能力较弱。而在全部资产中，周转速度最快的是流动资产，因此，总资产周转率受流动资产周转率的影响较大，其计算公式为：

$$总资产周转率＝\frac{营业收入}{流动资产平均余额}\times\frac{流动资产平均余额}{资产平均余额}$$
$$＝流动资产周转率\times流动资产占总资产的平均比重$$

（2）影响总资产周转率的因素

由公式可以看出，决定总资产周转率大小的因素有如下两个：

① 流动资产周转率。因为流动资产的周转速度一般高于其他类型资产的周转速度，加速流动资产周转率，就会使总资产周转速度加快，反之则减慢。

② 流动资产占总资产的比重。企业流动资产比重越大，总资产周转速度越快，反之则越慢。而在流动资产中，又以应收账款和存货的周转速度为主要构成，因此，企业对于应收账款和存货的关注尤为重要。

总资产周转率集中反映了各单项资产周转率的综合水平，但也因此包含了所有单项指标的不足之处，影响前述单项指标的因素都会对总资产周转率的分析造成影响。

在了解总资产周转率这个概念后，对企业总资产营运能力的分析可以进一步分解为对总资产周转率的驱动因素分析，即在销售收入既定的情况下，通过对总资产各组成项目的分解，了解总资产周转率变动是由哪些资产项目引起的，以及什么是影响较大的因素。

（3）总资产周转率的驱动因素分析

通常，总资产周转率的驱动因素分析，使用"资产周转天数"或"资产与收入比"指标，不使用"资产周转次数"。因为各项资产周转次数之和不等于总资产周转次数，不便于分析各项目变动对总资产周转率的影响。其计算公式为：

① 资产周转天数 $=\dfrac{\text{计算期天数}}{\text{资产周转率}}$

② 总资产周转天数 $= \sum$ 各项资产周转天数

③ 总资产与营业收入比 $= \sum$ 各项资产与营业收入比

（4）计算分析总资产周转率指标时应注意的问题

在实际操作中，由于资产的组成非常复杂，在计算分析总资产周转率指标时应注意以下问题：

① 注意对总资产内部结构变化的分析。分析中，若发现总资产周转率提高，可能是由于企业总资产太少引起的，又或是企业提高各项资产的利用效率，处置多余、闲置不用的资产的结果。如果企业总资产周转率突然上升，而企业的销售收入并没有多大变化，则可能是企业报废了大量固定资产造成的，而并非资产利用率提高。

② 在进行总资产周转率分析时，应该与企业以前年度的实际水平、同行业的平均水平等进行对比分析，从中寻找差距，挖掘企业的潜力，提高资产的营运效率。

③ 总资产周转率计算公式中的分子是指营业收入额，而分母是各项资产的总和，包括流动资产与非流动资产。其中，总资产中的对外投资（交易性金融资产、持有至到期投资等）给企业带来的是投资收益，未形成营业收入，可见公式中的分子、分母口径并不一致，这也会导致这一指标前后各期及不同企业之间会因资产结构不同而失去可比性。

7.5 案例解读：分析企业流动资产周转情况

7.5.1 案例描述

CA 公司是一家大型家具生产企业，2021 年曾因机器设备过于陈旧及应收账款政策不当，导致生产效率低下、资金回收缓慢，流动资产周转情况不佳，明显低于行业平均水准。因此，为提高企业的生产经营管理效率，公司在 2021 年底引进了一批新型制造机械，对应收账款的管理政策进行改善。一年过去了，公司管理层想要对公司目前的流动资产状况进行了解。CA 公司与流动资产相关的财务信息及行业平均水平情况如表 7-1、表 7-2 所示。

表 7-1 CA 公司与流动资产相关的财务信息

2022 年 12 月 31 日   单位：万元

项目	期末	期初	项目	本年
应收账款	165	215	营业收入	3 200
应收票据	30	46	其中：赊销收入	2 980
存货	540	650	营业成本	2 450

表 7-2 行业平均水平

比率名称	同行业平均水平
应收账款周转天数 / 天	28
存货周转率 / 次	3.8

7.5.2 案例要求

根据以上财务数据，对公司的流动资产周转情况进行分析。

7.5.3 案例分析

根据以上财务数据，可对 CA 公司的流动资产周转情况进行分析的步骤如下：

① 计算应收账款周转率，对 CA 公司应收账款周转情况进行分析。

本年应收账款周转率＝ 2 980÷［（165 ＋ 215）÷2］＝ 15.68（次）

本年应收账款周转天数＝ 365÷15.68 ＝ 23.27（天）

从计算结果分析，CA 公司所处行业的应收账款周转天数平均水平为 28 天，CA 公司在改进流动资产管理情况后，应收账款周转天数比行业平均水平要少，说明目前流动资产管理情况，特别是应收账款周转情况得到明显改善。

将应收票据纳入应收账款周转率及周转天数的计算。

本年应收账款周转率＝ 2 980÷［（165 ＋ 215 ＋ 30 ＋ 46）÷2］＝ 13.07（次）

本年应收账款周转天数＝ 365÷13.07 ＝ 27.93（天）

从计算结果分析，CA 公司的应收账款及应收票据周转天数为 27.93 天，仍然低于行业平均水平，说明公司目前的应收账款及应收票据周转情况不错。

② 计算存货周转率，对 CA 公司存货周转情况进行分析。

$$本年存货周转率 = 2\,450 \div [(540 + 650) \div 2] = 4.12（次）$$
$$本年存货周转天数 = 365 \div 4.12 = 88.64（天）$$

从计算结果分析，CA 公司当前存货周转水平为每年 4.12 次，高于行业平均水平 3.8 次，说明存货管理较之前得到明显改善。

③ 计算企业的营业周期，对 CA 公司从取得存货开始到销售完成并收回现金所需的时间做出整体评价。此处，可以用应收账款及应收票据周转率和存货周转率共同计算 CA 公司的营业周期。

$$营业周期 = 27.93 + 88.64 = 116.57（天）$$

从计算结果分析，CA 公司从取得存货开始到销售完成并收回现金这样一个循环需要 116.57 天的时间，也就是说公司在一年之中，大概可以进行三个这样的完整循环。

7.6 案例解读：分析企业固定资产周转情况

7.6.1 案例描述

FA 公司是一家以钢铁业为主，兼营采矿、机械、建筑等业务的大型企业集团。2021 年底面对钢铁行业的严峻形势，公司对生产钢铁的主要流程进行结构调整，强化精细化管理，压缩各项费用，大力降低成本，目的是改善目前的固定资产周转情况，提高企业的经营效果。一年过去了，为了解公司目前的改善状况，公司管理层要求财务人员对公司目前的经营情况进行分析，与固定资产周转情况相关的财务数据如表 7-3 所示。

表 7-3 FA 公司固定资产周转情况相关财务数据　　　　单位：万元

项目	2022 年	2021 年	2020 年	同行业 P 公司
公司资产情况				
固定资产平均净值	8 282 911.44	9 740 568.83	11 655 419.03	691 282.23
期初固定资产净值	7 944 001.50	11 537 136.15	11 773 701.91	864 695.65
期末固定资产净值	8 621 821.37	7 944 001.50	11 537 136.15	517 868.81

项目	2022 年	2021 年	2020 年	同行业 P 公司
公司经营情况				
营业收入	18 968 837.96	19 113 553.68	22 250 468.46	925 019.07

7.6.2　案例要求

根据以上财务数据（表 7-3），对公司的固定资产周转情况进行分析。

7.6.3　案例分析

根据以上财务数据，可对 FA 公司的固定资产周转情况进行分析的步骤如下：

计算 FA 公司的固定资产周转率，并与往期数据或同行业数据进行比较。

$$2022 年固定资产周转率 = 18\ 968\ 837.96 \div$$
$$[(7\ 944\ 001.50 + 8\ 621\ 821.37) \div 2] = 2.29（次）$$
$$固定资产周转天数 = 365 \div 2.29 = 159.38（天）$$

以此类推，FA 公司与同行业 P 公司的固定资产周转情况如表 7-4 所示。

表 7-4　FA 公司与同行业 P 公司的固定资产周转情况表

项目	2022 年	2021 年	2020 年	同行业 P 公司
固定资产周转率 / 次	2.29	1.96	1.91	1.34
固定资产周转天数 / 天	159.38	186.01	191.20	272.77

从以上计算数据看出，与 2020 年、2021 年相比，FA 公司 2022 年固定资产周转率上升，且效率逐步在提高；同时，周转水平与同行业 P 公司相比，也有明显优势，说明公司的固定资产得到充分利用，所创造的经营成果较为显著，企业固定资产的营运能力总体在逐步改善。

7.7　案例分析：分析企业总资产营运能力

7.7.1　案例描述

TA 公司 2022 年公司经营状况相比上年增速放缓，公司管理层想通过对资产营运情况的总体分析，从中发现对总资产经营效率影响最大的因素，并采取针对性方式进行改进。有关 TA 公司各项资产及经营情况的信息如表 7-5 所示。

表 7-5　TA 公司各项资产及经营情况的信息

2022 年 12 月 31 日　　　　　　　　　　　　　　　　　单位：万元

项目	金额	
	本年	上年
资产情况		
货币资金	54	31
交易性金融资产	6	14
应收票据	15	13
应收账款	478	241
预付账款	26	5
其他应收款	14	23
存货	150	402
其他流动资产	19	8
流动资产合计	762	737
可供出售金融资产	2	45
长期股权投资	38	5
固定资产	1 490	1 125
在建工程	26	54
无形资产	6	8
长期待摊费用	7	18
其他非流动资产	4	1
非流动资产合计	1 573	1 256
资产总计	2 335	1 993
经营情况		
营业收入	3 750	3 480

7.7.2　案例要求

根据以上财务数据（表 7-5），对公司的总资产营运能力进行分析。

7.7.3　案例分析

根据以上财务数据，可对 TA 公司的总资产营运能力进行分析的步骤如下：

（1）计算 TA 公司的总资产周转率

本年总资产周转率＝ 3 750÷［（2 335 ＋ 1 993）÷2］＝ 1.74（次）

（2）对企业进行总资产周转率的驱动因素分析

TA 公司各项资产周转率分解的具体情况如表 7-6 所示。

表 7-6　TA 公司各项资产周转率

资产	金额／万元		资产周转天数／天			资产与收入比		
	本年	上年	本年	上年	变动	本年	上年	变动
货币资金	54	31	5.26	3.25	2.01	0.014	0.009	0.005
交易性金融资产	6	14	0.58	1.47	-0.89	0.002	0.004	-0.002
应收票据	15	13	1.46	1.36	0.10	0.004	0.004	0.000
应收账款	478	241	46.53	25.28	21.25	0.127	0.069	0.058
预付账款	26	5	2.53	0.52	2.01	0.007	0.001	0.006
其他应收款	14	23	1.36	2.41	-1.05	0.004	0.007	-0.003
存货	150	402	14.60	42.16	-27.56	0.040	0.116	-0.076
其他流动资产	19	8	1.85	0.84	1.01	0.005	0.002	0.003
流动资产合计	762	737	74.17	77.30	-3.13	0.203	0.212	-0.009
可供出售金融资产	2	45	0.19	4.72	-4.53	0.001	0.013	-0.012
长期股权投资	38	5	3.70	0.52	3.18	0.010	0.001	0.009
固定资产	1 490	1 125	145.03	118.00	27.03	0.397	0.323	0.074
在建工程	26	54	2.53	5.66	-3.13	0.007	0.016	-0.009
无形资产	6	8	0.58	0.84	-0.26	0.002	0.002	-0.000
长期待摊费用	7	18	0.68	1.89	-1.21	0.002	0.005	-0.003
其他非流动资产	4	1	0.39	0.10	0.28	0.001	0.000	0.001
非流动资产合计	1 573	1 256	153.11	131.74	21.37	0.419	0.361	0.059
资产总计	2 335	1 993	227.28	209.04	18.24	0.623	0.573	0.050

根据周转天数分析，可以看出本年总资产周转天数是 227.28 天，比上年增加 18.24 天。各项目对总资产周转天数变动的影响较大的流动资产项目是应收账款增加 21.25 天、存货减少 27.56 天，影响较大的非流动资产项目是固定资产增加 27.03 天。

而根据资产与收入比分析，本年每 1 元收入需要资产 0.623 元，比上年增加 0.050 元。增加的原因：影响较大的项目是流动资产项目中应收账款和存货项目，应收账款增加 0.058 元、存货减少 0.076 元，影响较大的非流动资产项目仍为固定资产，固定资产增加 0.074 元。

从两种分析方法中，都可以看出对企业总资产周转率影响最大的因素是流动资产中的应收账款、存货和非流动资产中的固定资产，为企业后期对资产的管理指明了重点与方向。

第 **8** 章
盈利能力分析

- 盈利能力是指企业在一定时期内赚取利润的能力。通过本章的学习,能够明确盈利能力分析的目的和内容、掌握盈利能力指标的计算方法和意义、了解不同盈利能力指标之间的区别及联系。

8.1 盈利能力分析概述

盈利能力分析以利润分析为主要内容，分析角度不同，其表达形式也不同。一般来说，企业利润的取得以一定的资产投入和资本运用为基础，通过销售等经营环节反映企业的经营成果，而这种经营成果的好坏又直接影响到企业股本在市场上的价值变化。

8.1.1 盈利能力分析的目的

企业无论是进行偿债能力分析，还是营运能力分析，都是希望通过分析及时发现企业经营当中的问题，并加以改善，最终达到提高企业盈利能力的目的，促进企业长久稳定的发展。因此，盈利能力分析对企业不同利益相关者来说都有重要意义。

① 对于投资者而言，企业盈利能力分析有助于其选择最佳投资对象，获取更大的利益。投资者进行投资的主要目的是获取更多利润，因此投资者总是将资金投向盈利能力更强的企业。企业的盈利能力与投资者的收益密切相关，企业盈利能力越强，投资者的直接利益就会越高，同时盈利能力的增长还会促使企业股票价格的上升，从而使投资者获得资本收益。

② 对于债权人而言，企业盈利能力分析有助于其判断资金收回的保障程度，进行借贷决策。利润是企业偿债的重要来源，特别是长期债务，企业盈利能力的大小对债权人能否足额收回本息至关重要。一般来说，企业举债时，债权人势必会对企业的盈利能力进行考察，从而决定未来资金收回的稳定性，进行正确的借贷决策。

③ 对于经营者而言，企业盈利能力分析有助于其衡量当前的经营成果，发现经营不足。利润水平的高低直接反映经营者工作业绩的优劣，通过盈利能力分析，经营者可将本期盈利水平与企业的历史水平、计划水平或同行业水平相比较，能较好地评价各部门、各环节的经营业绩，发现企业经营中的重大问题，进而采取解决问题的措施，在提高企业收益水平的同时，提高自己在经营管理中的业绩水平，从而获得更高的工资及发展机会。

总之，盈利能力分析能够帮助报表使用者了解、认识和评价一个企业的经营业绩、管理水平，乃至其发展前景。因此，盈利能力分析成为企业及其利益相关者极为关注的一个重要内容。

8.1.2　盈利能力分析的内容

根据分析角度的不同，盈利能力分析的内容划分方式也有区别。

① 与投资有关的盈利能力分析，主要涉及资产报酬率和净资产收益率（即股东权益报酬率）的分析。

② 与销售有关的盈利能力分析，主要涉及以营业收入为基础的销售毛利率、销售利润率和销售净利率分析以及以成本费用为基础的成本费用利润率的分析。

③ 与股本有关的盈利能力分析，主要涉及每股利润、每股股利、每股净资产、市盈率和市净率的分析。

8.2　投资有关的盈利能力分析

对企业盈利能力的分析，主要围绕的是企业的收入与利润的比较分析。对于投资者来说，及时了解企业的盈利能力，有助于其作出更好的投资决策。为此，对企业盈利能力的指标分析就显得尤为重要。

通常，投资者投入资本成为企业的净资产，经营者利用投资者投入的资本通过对企业各生产要素的优化配置和经营管理，对企业的各项资产进行综合有效的运营。因此，与投资有关的盈利能力指标旨在反映企业经营所得对企业资产和投资者投入资本的回报情况。因此，与投资有关的盈利能力指标主要有资产报酬率和净资产收益率。而根据财务分析目的的不同，又可将利润额分为息税前利润、利润总额和净利润三类。按照利润额的不同，资产报酬率又可以进一步划分为资产息税前利润率、资产利润率和资产净利率。

因此，在实际操作中，可根据不同的分析目的，选择恰当的指标，对企业的资产负债率和净资产收益率进行计算。

8.2.1　资产报酬率

资产报酬率，又称资产收益率，是企业在一定时期内的利润额与平均资产总额的比率。根据财务分析目的的不同，可将利润额分为息税前利润、利润总额和净利润三类。因此，按照利润额的不同，资产报酬率又可以分为资产息税前利润率、资产利润率和资产净利率。

① 资产息税前利润率，又称总资产报酬率，是指企业在一定时期内的息税前利润额与平均资产总额的比率，其计算公式为：

$$资产息税前利润率=\frac{息税前利润}{平均资产总额}\times100\%=\frac{净利润＋所得税费用＋利息支出}{平均资产总额}\times100\%$$

其中，平均资产总额是年初资产总额与年末资产总额的平均额。

资产息税前利润率主要从企业各种资金来源的角度对资产的使用效益进行评价，通常被用作衡量企业利用全部经济资源获取利润的能力的指标，它的大小不受企业资本结构的影响。由于企业所实现的息税前利润首先要用于支付债务利息，然后才能缴纳所得税和向所有者分配利润，所以这部分利润可以看作企业为债权人、政府和所有者所创造的收益。

在实际分析中，资产息税前利润率不仅是投资者非常关心的指标之一，也是债权人评价企业资产获利能力的重要指标。在债权人看来，只要企业总资产的息税前利润率大于负债利息率，企业就有足够的收益用于支付债务利息，其债务本息的偿还就能够得到保证。因此，这项比率不仅可以用于评价企业的盈利能力，也可从盈利角度衡量企业的偿债能力。而对投资所有者来讲，企业仅仅提高息税前利润率是远远不够的，因为较高的资产息税前利润率只能保证降低或避免不能偿付债务本息的风险，但能否使资本得到保值、增值以及程度如何，却无法从总资产息税前利润率上得到回答。所以，从所有者的角度看，在分析资产息税前利润率的基础上，更需要对资产利润率与资产净利润率进行考察。

通常，资产息税前利润率越高，说明企业资产的运用效果越好，企业盈利能力越强，所以该比率越高越好。在评价时，可以将该比率与企业前期、同行业及其他企业进行比较，并进一步找出影响该指标的不利因素，以提高全部资产的盈利能力。

② 资产利润率，是指企业在一定时期内的利润总额与平均资产总额的比率，其计算公式为：

$$资产利润率=\frac{利润总额}{平均资产总额}\times100\%$$

其中，平均资产总额也是年初资产总额与年末资产总额的平均额。

资产利润率反映了企业在扣除所得税费用之前的全部收益，因此所得税政策的变化不会对其产生影响。真正影响利润总额的是企业营业活动、投资损益、营业外收支等因素。所以，资产利润率不仅能综合评价企业的盈利能力，还能较好地反映企业管理者的资产配置能力。在市场经济比较发达，各行业竞争比较充分的条件下，各行业的资产报酬率理论上将趋于一致。如果某企业的资产利润率偏低，说明企业资产利用率低，经营管理存在问题，应该调整经营方针，加强经营管理。

③ 资产净利率，是指企业在一定时期内的净利润与平均资产总额的比率，其计算公式为：

$$资产净利率 = \frac{净利润}{平均资产总额} \times 100\%$$

其中，平均资产总额也是年初资产总额与年末资产总额的平均额。

对投资者而言，所得税是企业的一种费用，它不能为企业所拥有，是对利润总额的一种扣除，因而为了能更准确地反映企业总资产的获利能力，必须把所得税从利润总额中扣除，即用净利润来反映。

资产净利率通常用于评价企业对股权投资的回报能力，是企业所有者在分析企业盈利能力时的常用指标。资产净利率越高，说明企业的盈利能力越强；反之，该指标越低，说明企业的盈利能力越弱。

根据驱动因素分析，资产净利率可以进行如下分解：

$$资产净利率 = \frac{净利润}{营业收入} \times \frac{营业收入}{平均资产总额} = 销售净利率 \times 总资产周转率$$

从上述公式可以看出，资产净利率主要取决于销售净利率和总资产周转率两个因素。因此企业一方面可以通过加强业务管理的方式，增收减支，提高利润水平，从而提高资产净利率；另一方面可以通过加强资产管理的方式，提高总资产周转率，从而提高资产净利率。

然而，资产净利率在不同行业有不同的标准。在石油勘探、玻璃、钢铁等这种固定成本比重较高的行业中，销售量的增减会明显影响企业利润高低，相应计算出的资产净利率也比较容易变化，所以这些行业对商业周期很敏感，在分析时要考虑其营业周期问题，避免仅通过当期指标的高低就对贷款偿还能力进行未来预测。而对于一些固定成本投入较小的行业，在同样的商业周期里，相应的经营杠杆作用就小，资产净利率的波动就不大。

一般来说，仅分析企业某一个会计年度的资产净利率不足以对企业的资产管理状况作出全面的评价，通常应与企业历史水平进行比较，对其变动趋势进行判断，才能取得相对准确的信息。在此基础上再进行同业比较分析，有利于提高分析结论的准确性。

8.2.2　净资产收益率

净资产收益率，又称股东权益报酬率或所有者权益报酬率，是企业在一定时期内的净利润与平均所有者权益总额的比率，其计算公式为：

$$净资产收益率 = \frac{净利润}{平均所有者权益总额} \times 100\%$$

净资产收益率反映所有者投入资本与收益之间的关系，是评价企业盈利能力的重要财务比率，同时也是上市公司进行配股的必要条件之一。净资产收益率越高，说明投资人投入资本的收益越高，企业资本的盈利能力越强；反之，该指标越低，说明投资人投入资本的收益越低，企业资本的盈利能力越弱。

需要注意的是，虽然净资产收益率是非常有用的综合性指标，但也不能盲目利用，有些企业的净资产收益率高的原因是资本金少，主要为负债经营，而过度利用财务杠杆获得的较高净资产收益率会给企业带来巨大的债务风险。

采用上述净资产收益率计算方法所得出的指标，常被称为加权净资产收益率。它强调了公司经营期间净资产赚取利润的结果，是一个动态的指标。该指标有助于公司利益相关者对公司未来的赢利能力作出正确判断。

在我国证券市场，还有另一种方法计算出的净资产收益率，即全面摊薄净资产收益率。其计算公式如下：

$$全面摊薄净资产收益率 = \frac{净利润}{年末所有者权益总额} \times 100\%$$

全面摊薄净资产收益率与加权净资产收益率的市场意义相同，但它更加强调了年末状况，是一个静态指标。该指标能够很好地说明股票的未来价值，所以当投资者衡量公司的赢利能力乃至持续竞争优势时都要用到它。在实践中，全面摊薄净资产收益率更为常用。

根据驱动因素分析，对净资产收益率可以进行如下分解：

$$净资产收益率 = \frac{净利润}{平均资产总额} \times \frac{平均资产总额}{平均所有者权益总额} = 资产净利率 \times 平均权益乘数$$

从上述公式可以看出，净资产收益率取决于企业的资产净利率和权益乘数两个因素。

因此，企业若要提高净资产收益率可以通过两种途径：

① 在权益乘数，即财务杠杆不变的情况下，通过增收减支，提高资产利用效率来提高资产净利率，从而提高企业的净资产收益率。

② 在资产利润率大于负债利息率的情况下，通过增加权益乘数，提高企业的净资产收益率，但该方式在增加财务杠杆利益的同时，也提高了企业的财务风险。

8.3　销售有关的盈利能力分析

通常，分析企业与销售有关的盈利能力可以从两个角度进行：一个是以营业收入为基础，通过计算不同形式的利润额与收入之间的比率来反映企业的盈利能力，主要指标通常包括销售毛利率、销售利润率和销售净利率；另一个是以成本费用为基础，通过计算不同形式的利润与成本费用之间的比率进行反映，主要指标是成本费用利润率。两个角度的侧重点不同，在分析评价与销售有关的盈利能力时的作用也略有不同。

因此，在分析企业与销售有关的盈利能力时，应选择合适指标进行计算，然后与企业历史指标和行业平均水平进行比较，注重分析指标变化的原因。

8.3.1　销售毛利率

销售毛利率，又称毛利率，是企业的销售毛利与营业收入的比率，其计算公式为：

$$销售毛利率 = \frac{销售毛利}{营业收入} \times 100\% = \frac{营业收入 - 营业成本}{营业收入} \times 100\%$$

销售毛利率反映了企业每单位营业收入中包含的毛利，能够揭示企业的销售能力和产品的降价空间。由于销售毛利是营业利润形成的基础，因此销售毛利可以反映企业对期间费用的承受能力。

一般来说，销售毛利率越高，企业抵补各项期间费用的能力越强，企业的盈利能力也就越强；反之，销售毛利率越低，抵补各项期间费用的能力越弱，企业的盈利能力也就越弱。

分析时还应注意，销售毛利率指标具有明显的行业特点。一般来说，营业周期短、固定费用低的行业的销售毛利率水平比较低；营业周期长、固定费用高的企业，则要求有较高的销售毛利率，以弥补其巨大的固定成本。

在企业管理中，管理者可以按预计的销售毛利率水平预测销售盈利能力，同时也可将该指标作为成本控制中的参考值。此外，外部分析人员也可以根据销售毛利率对企业会计信息的准确性进行判断。

8.3.2　销售利润率

销售利润率，又称经营利润率，是企业的营业利润与营业收入的比率，其计算公式为：

$$销售利润率 = \frac{营业利润}{营业收入} \times 100\%$$

销售利润率反映企业正常经营活动的获利能力，表示企业每单位营业收入中包含多少的营业利润。销售利润率越高，说明企业生产经营活动的盈利能力越强；反之，销售利润率越低，说明企业经营活动的盈利能力越弱。

在利用对销售利润率评价企业与销售有关的盈利能力时，需要注意以下几个分析要点：

① 从销售利润率的计算公式可以看出，企业的营业利润与营业利润率成正比，与营业收入成反比。所以，企业在增加收入的同时，必须相应地获得更多的营业利润，才能使营业利润率保持不变或有所提高，这就要求企业在扩大销售、增加收入的同时，还要注意改进经营管理，提高获利水平。

② 要提高销售利润率水平，需要对销售利润率的构成要素及其结构比重的变动情况进行分析，从而找出销售利润率增减变动的具体原因，改善获利能力。

③ 对单个企业来说，销售利润率指标越大越好，但各行业的竞争能力、经济状况、利用负债融资的程度及行业经营的特征，都使得不同行业各企业间的销售利润率大不相同。因此，在使用该指标分析时，还要注意将企业的个别销售利润率指标与同行业的其他企业进行对比分析。通过同行业的比较分析，可以发现企业获利能力的相对地位，从而更好地评价企业获利能力的状况。

8.3.3　销售净利率

销售净利率是企业净利润与营业收入的比率，其计算公式为：

$$销售净利率 = \frac{净利润}{营业收入} \times 100\%$$

销售净利率反映企业通过销售获取利润的能力，表示企业每单位营业收入中包含多少的净利润。净利润是在营业利润的基础上扣减营业外收支和所得税费用后的净额，因此将销售利润率和销售净利率进行比较，可以看出营业外收支和所得税费用对企业最终盈利能力的影响。

也正是由于净利润中包含波动较大的营业外收支净额和投资收益，该指标通常会导致不同年份间的变化相对较大。企业的短期投资者和债权人的利益主要在企业当期，他们更关心企业最终获利能力的大小，所以通常他们直接使用这一指标。而对于企业管理者及所有者来说，则应将该指标数额与净利润的内在结构结合起来分析，以正确判断企业的盈利能力。

通常，销售净利率越高，说明企业通过扩大销售获取收益的能力越强。但企业在扩大销售的同时，由于销售费用、财务费用和管理费用的大幅增加，企业的净利润并不一定会同比例增长，甚至会出现负增长。所以说盲目扩大生产和销售规模未必会为企业带来正的收益。因此在分析企业盈利能力时，应关注企业每单位营业收入的增长对净利润增减的影响程度，由此来考察销售收入增长的真正效益。

同时，对单个企业来说，销售净利率指标越大越好，但各行业内的竞争能力、经济状况、利用负债融资的程度及行业经营的特征，都使得不同行业各企业间的业务收入净利率大不相同。因此，在使用该比率分析时，也要注意与同行业的其他企业进行比较。

8.3.4　成本费用利润率

成本费用利润率是企业净利润与成本费用总额的比率，其计算公式为：

$$成本费用利润率 = \frac{净利润}{成本费用总额} \times 100\%$$

其中，成本费用总额包括营业成本、营业税金及附加、销售费用、管理费用、财务费用和所得税费用等。

成本费用利润率是企业为了获取利润而付出的代价，反映了企业的投入产出水平。成本费用利润率越高，说明企业为获取收益而付出的代价越小，企业的盈利能力越强；反之，成本费用利润率越低，说明企业为获取收益而付出的代价越大，企业的盈利能力越弱。因此，成本费用利润率是综合反映企业成本效益的重要指标，它不仅可以用于评价企业盈利能力的高低，还可以反映企业对成本费用的控制能力和经营管理水平。

8.4 股本有关的盈利能力分析

企业上市之后，股票可以在市场中进行自由交易，因此，上市公司更加注重运用与公司股票价格或市场价值相联系的指标来评价企业的盈利能力，这些指标主要包括每股收益、每股利润、每股净资产、市盈率、市净率等。可以分别利用这些指标对公司的盈利能力进行分析，即先计算以公司内部财务数据为基础的指标，如每股收益、每股利润及每股净资产，评价公司的盈利情况；再计算以市场为基础的指标，如市盈率和市净率，以市场反应评价公司的盈利能力。

8.4.1 每股收益

每股收益，又称每股利润，是归属于普通股股东的当期净利润与发行在外的普通股加权平均数的比值，其计算公式为：

$$每股收益 = \frac{净利润 - 优先股股利}{发行在外的普通股加权平均数}$$

其中，发行在外的普通股加权平均数＝期初发行在外普通股股数＋∑当期新发行普通股股数 × 发行在外时间 ÷ 报告期时间 -∑当期回购普通股股数 × 已回购时间 ÷ 报告期时间。

每股收益是股份公司发行在外的普通股每股所取得的利润，它既能反映上市公司的盈利能力，又能反映普通股股东的获利水平和投资风险，因此是股份公司税后利润分析的一个重要指标。每股收益越高，说明公司的盈利能力越强；反之，每股收益越低，说明公司盈利能力越弱。同时，这一指标的高低对公司股票价格具有较大影响。

在利用每股收益评价企业与股本有关的盈利能力时，需要注意以下几个分析要点：

① 由于不同公司每股收益所含的净资产和市价不同，也就是说每股收益的投入量不相同，因而限制了不同公司之间每股收益的比较。

② 企业净利润中可能包含非正常和非经常性项目，而在计算确定每股收益时重点考虑的是正常和经常性项目，还应将非正常和非经常性项目剔除，这样计算出的每股收益会更有利于投资者对公司业绩进行评价。

③ 对投资者而言，每股收益的高低比公司财务状况的好坏或其他收益率指标更重要，也更直观。因此，投资者可以通过对同一公司不同时期普通股每股收益的纵向比较，了解其投入股本能力、获利能力的大小及变动情况。

④ 对于公司的潜在投资者而言，每股收益反映的是过去的情况，而投资是面向未来，因此在利用每股收益指标分析时，应结合公司的发展能力及其他财务指标进行综合分析和判断。

通常，为了更好地评价股份公司的盈利能力，在利用每股收益进行分析的同时，会结合每股现金流量指标共同分析，以确定股份公司对现金股利的支付能力。每股现金流量是公司扣除优先股股利后的经营现金流量与发行在外的普通股加权平均数的比值，其计算公式为：

$$每股现金流量 = \frac{经营活动现金净流量 - 优先股股利}{发行在外的普通股加权平均数}$$

每股现金流量反映了股份公司支付现金股利的能力，投资者可用其预测公司发放现金股利的可能性。每股现金流量越高，说明公司支付现金股利的能力就越强。股份公司股东获取投资收益的来源主要有两个，一个是股票的买卖差价，另一个就是公司的股利分配。每股利润虽然与股利分配有密切联系，但并不是决定股利分配的唯一因素。因为即使公司每股利润很高，却没有足够的现金进行现金股利的支付，股东仍无法获取分红收益。因此，对每股现金流量的分析也是非常必要的。

8.4.2　每股股利

每股股利是股利总额（即现金股利总额扣除优先股股利）与发行在外的普通股股数的比值，表示每一普通股股票获得的现金股利，其计算公式为：

$$每股股利＝\frac{股利总额}{发行在外的普通股股数}＝\frac{现金股利总额－优先股股利}{发行在外的普通股股数}$$

其中，分母选用年末发行在外的普通股股数，而不是发行在外的普通股加权平均数。原因是股利通常只派发给年末的股东，因此选用年末数进行计算更为准确。

每股股利反映普通股股东获得现金股利的情况。每股股利越高，说明普通股股东获得的现金股利回报越高，反之，则越低。但是每股股利的高低，不仅取决于公司盈利能力的强弱，还取决于公司的股利政策、现金是否充裕等因素。一般通过比较分析公司历年的每股股利可大致了解公司的股利政策，以便投资者做出更为准确的投资判断。

通常会利用股利支付率来评价公司的股利政策。股利支付率是公司年度每股股利与每股收益的比率，其计算公式为：

$$股利支付率＝\frac{每股股利}{每股收益}\times100\%$$

股利支付率可以评价公司实现的净利润中有多少用于给股东分配红利，反映了公司股利政策。根据股利的信号传递理论，企业更改股利政策也就是股利支付率，会向市场传递公司对未来发展的信息。因此大多数公司不愿轻易降低股利，因为这样可能对普通股股票的市价产生不利的影响。根据股利的偏好不同，有些股东愿意当期多拿股利，另有一些则愿意把更多的收益用于再投资，以期获得更多的资本收益。在后一种情况下，股利支付率则较低。

与股利支付率相关的另一个指标是留存收益率，用来评价公司净利润用于再投资的比例，其计算公式为：

$$留存收益率＝\frac{净利润－全部股利}{净利润}\times100\%$$

其中，全部股利包含支付的优先股股利。在没有优先股的情况下，股利支付率与留存收益率之和等于1。

股利支付率越高，留存收益率就越低，反之，留存收益率越大，表明公司未来发展的财务实力越强，公司累积的资金越充裕，财务风险越小。但该指标并非越大越好，因为过高的留存收益率会使股东对目前的股利要求得不到满足，尤其是长期的低股利支付率会使投资者丧失信心，由此影响公司股票的价格。在西方国家，许多公司对于他们需要留存的收益比率都有政策性规定，通常，新企业、发展中企业和外界认为日益发展的企业会有一个较高的留存收益率。

8.4.3　每股净资产

每股净资产，又称每股账面价值，是所有者权益总额与发行在外的普通股加权平均数的比值，其计算公式为：

$$每股净资产＝\frac{所有者权益总额}{发行在外的普通股加权平均数}$$

每股净资产是股票价格的理论下限。严格来说，并不将其作为衡量企业盈利能力的主要指标，但是由于它的变化会受到企业盈利能力的影响，在企业利润较高时，每股净资产也会随之较快地增长，所以从这个角度考虑，该指标与企业的盈利能力密切相关。

在利用每股净资产评价企业与股本有关的盈利能力时，需要注意以下几个分析要点：

① 每股净资产和每股收益、净资产收益率是上市公司三大重要财务比率指标，三个指标用于判断上市公司的收益状况，一直受到证券市场参与各方的极大关注。通常情况下，证券信息机构定期公布的上市公司排行榜就是按照这三项指标的高低进行排序的。所以，对上市公司的收益状况进行分析时，可将这三项指标结合起来，并参考相关的经验数据进行分析。

② 利用每股净资产进行纵向和横向的对比及结构分析等，可以衡量公司的发展进度、发展潜力，间接地表明了企业盈利能力的大小。

③ 每股净资产在理论上提供了每股股票的最低价格，可用来估计其上市股票的合理市价，判断投资价值和投资风险的大小。

④ 每股净资产指标的计量基础是历史成本，如果公司经营的时间较长，又未定期进行资产评估，则其账面价值与实际的市场价值会产生较大的差距，而股票的市场表现及价值评估主要倾向于市场价值，用历史成本计量的指标作为对现实的评价其结果会有偏差。因此，该指标的使用有限。

8.4.4　市盈率

市盈率和市净率是以企业盈利能力为基础的市场评估指标。通常投资者会利用这两个指标，以公司盈利能力分析为基础，对公司的股票价值进行评估，以判断股票的市场定价是否符合公司的基本面，为投资者进行投资决策提供依据。

市盈率，又称价格盈余比率，是普通股每股市价与每股收益的比率，其计算公式为：

$$市盈率 = \frac{普通股每股市价}{每股收益}$$

其中，每股收益通常选用最近一年的数值，每股市价选用分析时点前一日的普通股交易价格。

市盈率反映公司投资人为获取每 1 元净利润所支付的价格，是评价公司未来盈利水平和股票投资风险的重要指标。

然而市盈率高低的评价必须根据当时资本市场平均市盈率进行分析，并非越高越好或越低越好。股票市价是随着企业获利能力的上升而上升的，在健全、完善的资本市场上，能吸引投资者的关键不是市盈率绝对额的高或低，而是将该市盈率与企业未来的获利前景相比较，发展前景较好的公司通常市盈率较高；发展前景不佳的公司市盈率则较低。但是，投资者也可能错误地估计公司的发展前景，因此投资成功的一个基本原则是了解市场。一般来说，发达国家的股市由于较为成熟，成长速度相对较慢，股票投资的主要收益来源是股利，市盈率相对较低，一般在 10 ~ 20 倍之间。而发展中国家经济增长前景好，股本扩张的能力强，股价相对坚挺，因此，市盈率普遍较高，通常在 20 ~ 30 倍之间。因此发展中国家的市盈率普遍高于成熟发达国家的市盈率。

在利用市盈率评价企业与股本有关的盈利能力时，需要注意以下几个分析要点：

① 市盈率计算公式中的分子"普通股每股市价"，有时按其年度平均价格计算的，即全年售价的算术平均数。但实务中为了计算简便并增强其评价的适时性，多采用分析时点前一日的实际股票市价来计算。两种方法各有其优缺点，前者能反映企业整个年度内的实际平均价格表现，后者能反映目前股票的实际市价状况，分析人员可根据不同的分析目的选择使用。

② 市盈率指标对投资者进行投资决策的指导意义是建立在健全资本市场的假设基础之上的，倘若资本市场不健全，就很难依据市盈率对企业做出分析和评价。

③ 影响市盈率变动的因素之一是股票市场价格的升降，而影响股价升降的原因除了企业的经营成果和发展前景外，还受整个经济环境、政府宏观政策、行业发展前景等因素的制约。因此，必须对股票市场的整个形势作全面地了解和分析，才能对市盈率的升降做出正确评价。

④ 在企业发生年度亏损时，每股收益可能接近零甚至是亏损，而以每股收益为分母的市盈率会异常高或者呈现负数，此时市盈率指标就会变得毫无意义了。因此，单纯依靠市盈率指标评价企业的获利能力，可能会错误地估计公司的未来发展，所以市盈率指标分析要结合其他指标综合考虑。

⑤ 市盈率的高低与行业发展有密切的关系。由于各个行业的发展阶段不同，其市盈率也会高低不同。充满扩张机会的新兴行业市盈率普遍较高，而成熟产业的市盈率普遍较低，因此，市盈率不能用于不同行业公司之间的比较。另外，市盈率高低受净利润的影响，而净利润又受可选择的会计政策的影响，从而使得公司间的比较受到一定限制。

⑥ 分析中如遇到某些异常因素引起的股票市价变动，会造成市盈率发生不正常变动，因此必须对股票市场整个形势作出全面分析，才能对市盈率的升降作出正确的评价。

⑦ 市盈率反映了市场价格相对其当前获利能力的比值，通常所说的股票价格的高或低，主要是针对市盈率而言的。市盈率高，相对公司当前的获利能力，投资者需付出较大的代价；市盈率低，则投资者所需付出的代价就较小。

⑧ 市盈率是相对公司已经实现的利润而言，而股票的价格则是对公司未来业绩的预期。如果公司的业绩不断衰退，今天看来是低的市盈率，明天可能就显得高了。相反，今天看来是高的市盈率，如果公司的业绩可以有较大增长的话，明天就变得低了。因此，研究公司的市盈率，应该结合公司业绩的增长情况。一般而言，如果公司业绩的预期增长率要高于其市盈率的话，例如市盈率为40，而年增长率是50%的话，即使市盈率的绝对值偏高，也是可以接受的。

8.4.5 市净率

市净率，又称市价账面价值比，是普通股每股市价与每股净资产的比率，其计算公式为：

$$市净率＝\frac{每股市价}{每股净资产}$$

市净率反映股东对公司净资产质量的评价和对公司股票未来价格变化的基本判断。

在利用市净率评价企业与股本有关的盈利能力时，需要注意以下几个分析要点：

① 严格地说，市净率指标并非衡量获利能力的指标。每股净资产指标反映了流通在外的每股普通股所代表的企业记在账面上的股东权益额。一般来说，证券的市场价格与其账面价值并不接近，因为资产是按成本登记的，反映的是过去付出的、尚未收回的资产的成本，而股票的市价反映的则是为投资者认可的企业现在的价值。因此，市净率指标本身具有计算口径不一致的缺点。

② 市净率指标与市盈率指标不同，市盈率指标主要从股票的获利性角度进行考虑，而市净率则主要从股票的账面价值角度考虑。但两者又有许多相似之处，它们都不是简单的越高越好或越低越好的指标，都代表着投资者对某股票或某企业未来发展潜力的判断。同时，与市盈率指标一样，市净率指标也必须在完善、健全的资本市场上，才能对公司做出正确、合理的分析和评价。

8.5 分析与企业盈利能力相关的其他事项

对企业盈利能力的分析除上述三个方面外，还须掌握与盈利能力相关的其他事项，并了解它们是如何对盈利能力产生影响的。

在分析企业盈利能力时，除了对与盈利能力相关的财务指标进行分析，还需要关注一些特殊因素对企业盈利能力的影响。这些因素主要包括企业的资本结构、企业的营运能力、企业的利润结构、企业的税收政策等。

（1）企业的资本结构对盈利能力的影响

企业的资本结构是影响企业盈利能力的重要因素，适当地负债经营可以提高企业的财务杠杆收益，从而对企业的盈利能力产生直接的影响。当企业的资产报酬率高于借款利息率时，负债经营可以提高企业的盈利能力；反之，不恰当地负债经营不仅会降低企业的盈利能力，更会增大企业的财务风险。有些企业在实际经营过程中，往往只注重增加资本投入、扩大企业投资规模，而忽视了资本结构是否合理，这在一定程度上会妨碍企业利润的增长。因此，在分析企业盈利能力的过程中，应结合企业的资本结构综合分析企业资产的质量和盈利能力，而不是单纯依靠指标数据进行判断。

（2）企业的营运能力对盈利能力的影响

营运能力即企业资产的运转效率，通常对企业营运能力进行分析的目的是了解资产运行状况，发现问题并解决问题，改善企业资产的周转情况，最终提高企业的盈利能力。所以说营运能力的好坏最终会影响到企业盈利能力的高低。通常，企业的营运能力越好，盈利能力就越强，盈利能力强的企业，营运能力肯定不会太低。然而，很多财务人员在对企业的盈利能力进行分析时，往往只利用企业资产、销售与利润的关系直接评价企业的盈利能力，而忽视了企业营运能力对盈利能力的影响，忽视了从提高企业资产管理效率角度提升企业盈利能力的重要性。因此，在分析企业盈利能力的过程中，应结合企业的营运能力进行分析，在提升企业内部资产管理效率的同时推动企业盈利能力的提高。

（3）企业的利润结构对盈利能力的影响

企业的利润总额主要由营业利润和非经常性损益共同构成。营业利润中的主营业务应是企业利润的主要来源。在分析企业盈利能力时，不能仅对企业利润总量进行分析，而忽略对利润构成的分析与判断，从而产生"利润总额大，即企业盈利能力强"的错误认识。实际上，有时企业会因为一些非经常性因素的出现，导致某一时期的利润总额很大。由于这些利润的主要来源不是由企业主营业务活动创造的，不能持续稳定地给企业带去收益，那么这样的利润结构往往存在较大的风险，也不能反映出企业真实的盈利能力。因此，在分析企业盈利能力的过程中，应结合企业的利润结构进行分析，在了解企业真实盈利能力的同时发现企业核心业务的问题与不足，优化业务结构，提升主营业务对企业利润的贡献能力。

（4）企业的税收政策对盈利能力的影响

税收政策对于企业的发展具有重要影响。符合国家税收政策的企业享有税收优惠，从而减少了企业在税收方面的支出，在一定程度上增强了企业的盈利能力，而那些不符合国家税收政策的企业，负担着高额的税收，更有甚者会受到税务机关的处罚，不仅损害了企业的声誉，更不利于企业盈利能力的提高。然而，由于税收政策属于影响企业发展的外部影响因素，很多财务人员对企业进行财务分析时，往往只注重对影响企业发展的内部因素进行分析，从而忽视了税收政策对企业盈利能力的影响。因此，在分析企业盈利能力的过程中，应结合企业面临的税收政策环境进行分析，以便进行客观全面的评价。

8.6　案例解读：分析投资有关的盈利能力

8.6.1　案例描述

TZ 公司是一家正在成长的民营企业，企业投资者想通过一些指标分析，了解公司目前的盈利情况，主要财务数据如表 8-1 所示。

表 8-1　TZ 公司主要财务数据　　　　　　　　　　　　　　　　单位：万元

项目	2022 年	2021 年
资产负债表项目		
平均资产总额	23 140	17 350
平均所有者权益总额	8 350	6 650

项目	2022 年	2021 年
利润表项目		
营业收入	24 150	21 580
财务费用	540	475
利润总额	2 190	1 530
所得税费用	558	392
净利润	1 632	1 138

8.6.2　案例要求

根据以上财务数据（表 8-1），对公司投资有关的盈利能力进行分析。

8.6.3　案例分析

根据以上财务数据，可对 TZ 公司投资有关的盈利能力进行分析的步骤如下：

（1）计算 TZ 公司的资产报酬率

按照利润额的不同，分别计算资产息税前利润率、资产利润率和资产净利率这三种不同形式的资产报酬率。

① 资产息税前利润率：

2022 年资产息税前利润率＝（1 632 ＋ 558 ＋ 540）÷23 140×100% ＝ 11.80%

2021 年资产息税前利润率＝（1 138 ＋ 392 ＋ 475）÷17 350×100% ＝ 11.56%

通常认为资产息税前利润率越高，说明企业资产的运用效果越好，企业盈利能力越强，所以该比率越高越好。从计算结果分析，2022 年 TZ 公司息税前利润率相比 2021 年有所提升，说明企业盈利能力有所增强。在数据可取的情况下，通常在评价时，将该比率与企业前期、同行业及其他企业进行比较，并进一步找出影响该指标的不利因素，以提高全部资产的盈利能力。

在实际操作分析中，资产息税前利润率被认为是企业的基本盈利能力，因为它排除了资金来源方式不同，也就是财务杠杆，对企业利润的影响，同时也排除了不同所得税率对企业利润的影响，体现的是公司使用所拥有的资产获取利润的能力。

但是正如前面所提到的，站在公司投资者的角度，较高的资产息税前利润率只能保证降低或避免不能偿付债务本息的风险，但能否使资本得到保值、增值以及程度如何，却无法从总资产息税前利润率上得到回答。所以还需要对资产利润率与资产净利润率进行考察。

② 资产利润率：

2022 年资产利润率＝ 2 190÷23 140×100% ＝ 9.46%

2021 年资产利润率＝ 1 530÷17 350×100% ＝ 8.82%

资产利润率反映了企业在扣除所得税费用之前的全部收益，因此所得税政策的变化不会对其产生影响。真正影响利润总额的是企业营业活动、投资损益、营业外收支等因素。所以，资产利润率不仅能综合评价企业的盈利能力，还能较好地反映企业管理者的资产配置能力。

从计算结果中也可以看出，TZ 公司 2022 年资产利润率相比 2021 年提高了0.64%，说明企业资源配置效率较好，盈利能力有所提升。

③ 资产净利率：

2022 年资产净利率＝ 1 632÷23 140×100% ＝ 7.05%

2021 年资产净利率＝ 1 138÷17 350×100% ＝ 6.56%

由于投资者在求偿权中处于末尾，因此，净利润才是真正归属于投资者的利益，因此，资产净利率是企业投资者在分析企业盈利能力时的常用指标。

一般来说，资产净利率越高，说明企业的盈利能力越强。从计算结果分析，TZ 公司 2022 年资产净利率有所提升，说明企业为投资者创造利润的能力增强，盈利能力较好。

资产报酬率的高低一般没有一个绝对的评价标准。通常在分析时采用比较分析法，与该企业以前年度的资产报酬率比较，判断企业资产盈利能力的变动趋势；或与同行业平均资产报酬率进行比较，判断企业在行业中的位置。

（2）计算 TZ 公司的净资产收益率

2022 年净资产收益率＝ 1 632÷8 350×100% ＝ 19.54%

2021 年净资产收益率＝ 1 138÷6 650×100% ＝ 17.11%

由于净资产收益率反映的是所有者投入资本与收益之间的关系，因此是评价与投资相关的盈利能力的重要财务比率。通常，净资产收益率越高，说明投资人投入资本的收益越高，企业资本的盈利能力越强。TZ 公司净资产收益率由17.11% 提升至 19.54%，说明投资人投入资本的收益逐渐提升，企业盈利能力在不断增强。

8.7 案例解读：分析销售有关的盈利能力

8.7.1 案例描述

XS 公司近些年销售情况在稳中提升，净利润也在逐年提高。公司管理层为了解公司具体的盈利情况，让财务人员对近两年的利润表进行分析，提交一份盈利能力分析报告。具体的财务信息如表 8-2 所示。

表 8-2　XS 公司利润表相关数据　　　　　　　　单位：万元

项目	2022 年	2021 年
一、营业收入	28 540	23 550
减：营业成本	14 350	11 950
营业税金及附加	3 350	2 610
销售费用	350	310
管理费用	2 320	2 175
财务费用	580	455
二、营业利润	7 590	6 050
加：营业外收入	100	50
减：营业外支出	85	48
三、利润总额	7 605	6 052
减：所得税费用	895	525
四、净利润	6 710	5 527

8.7.2 案例要求

根据以上财务数据，对公司销售有关的盈利能力进行分析。

8.7.3 案例分析

根据以上财务数据（表 8-2），可对 XS 公司销售有关的盈利能力进行分析的步骤如下：

（1）计算 XS 公司的销售毛利率

2022 年销售毛利率 =（28 540 -14 350）÷28 540×100% = 49.72%

2021 年销售毛利率 =（23 550 -11 950）÷23 550×100% = 49.26%

从计算结果看，XS 公司 2022 年销售毛利相比 2021 年稳中有升，说明企业抵补各项期间费用的能力有所增强，同时说明企业在销售成本管理方面的控制能力较好，毛利率较为稳定。

在实际操作中，利用销售毛利率进行企业盈利能力分析时，要注意行业特征的分析，因为不同行业在销售毛利率方面可能存在差异。一般来说，营业周期短、固定费用低的行业，销售毛利率较低；营业周期长、固定费用高的行业，销售毛利率较高。同一行业内，如果产业内部发展较为成熟且竞争充分，不同企业间的销售毛利率一般差异不大。如果某企业的销售毛利率显著高于同行业的大多数企业，则需要更加谨慎地进行考虑。

（2）计算 XS 公司的销售利润率

$$2022 \text{ 年销售利润率} = 7\,590 \div 28\,540 \times 100\% = 26.59\%$$
$$2021 \text{ 年销售利润率} = 6\,050 \div 23\,550 \times 100\% = 25.69\%$$

从计算结果看，XS 公司的销售利润率保持在一个较为稳定的水平，同时 2022 年销售利润率相比 2021 年稳中有升，说明企业的盈利能力有所提高。

在实际操作中，运用销售利润率评价企业盈利能力时，同样应该注意行业间的差异性。不同行业的竞争能力、负债水平及经营特点不同，因此，销售利润率的分析主要用于同行业的比较分析，以此反映企业在同行业中的盈利水平，从而客观地进行评价。

（3）计算 XS 公司的销售净利率

$$2022 \text{ 年销售净利率} = 6\,710 \div 28\,540 \times 100\% = 23.51\%$$
$$2021 \text{ 年销售净利率} = 5\,527 \div 23\,550 \times 100\% = 23.47\%$$

从计算结果看，XS 公司通过销售获取利润的能力较为稳定，净利润的增长幅度同企业营业收入的增长幅度较为同步，说明在扩大销售过程中对各项成本费用的控制能力较好，体现了较好的成本控制和盈利能力。

（4）计算 XS 公司的成本费用利润率

2022 年成本费用利润率 $= 6\,710 \div$（$14\,350 + 3\,350 + 350 + 2\,320 + 580 +$ 895）$\times 100\% = 30.72\%$

2021 年成本费用利润率 $= 5\,527 \div$（$11\,950 + 2\,610 + 310 + 2\,175 + 455 +$ 525）$\times 100\% = 30.66\%$

成本费用利润率是综合反映企业成本效益的重要指标，它不仅可以用于评价企业盈利能力的高低，还可以反映企业对成本费用的控制能力和经营管理水平。从计算结果看，XS 公司两年的成本费用利润率变化幅度不大，说明企业具有较好的成本费用控制能力。

8.8 案例解读：分析股本有关的盈利能力

8.8.1 案例描述

GB 公司 2020 年底上市后，公司盈利能力不断提高。与公司股本相关的财务数据如表 8-3 所示。

表 8-3 GB 公司与股本相关的财务数据

项目	2022 年	2021 年
净利润 / 万元	365	245
优先股股利 / 万元	5	5
普通股股利 / 万元	36	24
普通股权益平均额 / 万元	360	320
发行在外的普通股加权平均数 / 万股	200	160
每股市价 / 元	19	15

8.8.2 案例要求

根据以上财务数据（表 8-3），对公司股本有关的盈利能力进行分析。

8.8.3 案例分析

根据以上财务数据，可对 GB 公司销售有关的盈利能力进行分析的步骤如下：

（1）计算 GB 公司的每股收益，了解公司的盈利能力状况

$$2022 \text{ 年每股收益} = （365-5）\div 200 = 1.8（\text{元 / 股}）$$

$$2021 \text{ 年每股收益} = （245-5）\div 160 = 1.5（\text{元 / 股}）$$

计算结果表明，GB 公司 2022 年每股收益比 2021 年提高了 0.3 元，说明公司的盈利能力增强。在判断公司盈利能力强弱时，可以将几家不同公司的每股收益进行比较，以便作出正确判断。值得注意的是，每股收益多，只能说明公司盈利能力较强，但并不一定意味着多分红，因此还必须根据公司的股利分配政策来确定每股分派的股利。

同时，在实际操作中还应注意，虽然每股收益能直观反映股份公司的盈利能力，但在分析时，应结合流通在外普通股股数的多少和每股股价的高低进行评价。例如某公司正值股本扩张时期，大量配股必然会摊薄每股收益，若分析时不注意此特殊时点，就会妨碍分析者对公司盈利能力的判断。再比如，两公司每股收益相同，而股价在市场中的表现却不同，显然两个公司的风险和报酬是不同的。因此不能片面分析每股收益，最好结合其他指标，如股东权益报酬率一起分析公司的盈利能力。

（2）计算 GB 公司的每股股利和股利支付率，了解公司的股利政策

为了方便计算，假设 GB 公司 2023 年及 2022 年发行在外普通股加权平均数即为期末普通股股数，则

$$2022 \text{ 年每股股利} = 36 \div 200 = 0.18 \text{（元／股）}$$
$$2021 \text{ 年每股股利} = 24 \div 160 = 0.15 \text{（元／股）}$$

计算结果表明，GB 公司每股股利也有所提升，普通股东的收益回报有所提高。

$$2022 \text{ 年股利支付率} = 0.18 \div 1.8 = 10\%$$
$$2021 \text{ 年股利支付率} = 0.15 \div 1.5 = 10\%$$

计算结果表明，GB 公司实行了较为稳定的股利支付政策，每股股利将会伴随企业盈利能力的提升而稳步提高。

（3）计算 GB 公司的每股净资产，了解公司股票值的理论下限

根据案例导入中的数据，GB 公司 2021 年、2022 年的每股净资产计算如下：

$$2022 \text{ 年每股净资产} = 360 \div 200 = 1.8 \text{（元／股）}$$
$$2021 \text{ 年每股净资产} = 320 \div 160 = 2 \text{（元／股）}$$

从计算结果分析，虽然 GB 公司 2022 年每股净资产相比上年有小幅降低，但其股价仍然大大高于公司的每股净资产，说明公司盈利能力较强，拥有较好的发展潜力，但是严格来说，一般不将每股净资产作为衡量企业盈利能力的主要指标，但是由于它的变化会受到企业盈利能力的影响，同时能帮助企业了解股票市值与股票理论下限的差异，判断企业发展潜力，因此也被视为分析盈利能力的指标之一。

（4）计算 GB 公司的市盈率和市净率

$$2022 \text{ 年市盈率} = 19 \div 1.8 = 10.56$$
$$2021 \text{ 年市盈率} = 15 \div 1.5 = 10$$

从计算结果看，GB公司的市盈率较高，说明投资者对该公司的发展前景看好，愿意出较高的价格购买该公司的股票。通常，成长性好的公司市盈率通常会较高，而那些盈利能力低且成长性较差的公司市盈率会相对较低。因此，对市盈率的分析要结合行业特点和公司的盈利前景。

同时，在实际操作中应该注意，在每股收益一定的情况下，市盈率随证券市场中股票价格的波动较大，一般在牛市中市盈率较高，熊市中市盈率又会较低。因此在评价公司市盈率时，也要注重结合当时证券市场的情况进行综合分析，以便进行正确的判断。

$$2022 年市净率＝19÷1.8＝10.56$$
$$2021 年市净率＝15÷2＝7.5$$

从计算结果看，GB公司的市净率也较高，说明股票价值高。

一般来说，那些资产质量高、盈利能力强的公司，市净率会较高；反之，那些风险大、发展前景较差的公司，市净率会相对较低。如果一个公司的市净率小于1，则说明投资者对公司的发展前景持悲观态度，不愿意出高价购买公司股票。

第 9 章

发展能力分析

▼

· 企业的发展能力,又称为企业成长能力或发展潜力,它是企业通过自身的生产经营活动,不断积累扩大而形成的发展潜能。从形成上看,这种能力主要依托于企业在一定时期内营业收入的不断增长、资产规模的扩大和利润的不断创造等。而从结果上看,一个发展能力强的企业,能够不断为股东创造财富,促进企业价值的不断提升。

9.1 发展能力分析概述

什么是企业的发展能力？为什么要评价企业的发展能力？企业发展能力分析的内容都有哪些？

9.1.1 发展能力分析的目的和内容

（1）发展能力分析的目的

企业发展能力分析的目的，从不同利益相关者的角度看并不相同。

① 股东　对于股东而言，可以通过发展能力分析衡量企业未来为其创造价值的能力和程度，为采取下一步投资行动指明方向。

② 投资者　对于潜在投资者而言，可以通过发展能力分析评价企业的成长性，为做出正确的投资决策提供依据。

③ 经营者　对于经营者而言，可以通过发展能力分析发现影响企业未来发展的关键因素，为制定正确的经营战略和财务策略奠定基础。

④ 债权人　对于债权人而言，可以通过发展能力分析判断企业未来的盈利能力，为做出正确的信贷决策提供依据。

（2）发展能力分析的内容

企业价值通常表现为给企业带来未来现金流的能力，一般以净利润增长率作为替代，分析判断企业的发展能力，但净利润增长率只能从财务分析的角度揭示企业发展能力的一个侧面，为此还需要结合影响企业发展能力的其他因素，对企业的发展能力进行全面分析。

企业发展能力的分析主要是对企业竞争能力、企业周期和综合指标进行分析。

9.1.2 竞争能力分析

企业的竞争能力是指企业在市场经济环境中相对于其竞争对手所表现出来的生存能力和持续发展能力的总和。通过企业竞争能力分析，企业不仅可以发现自身存在的不足，更能了解企业本身的内在优势。

9.1.2.1 企业竞争能力分析的三个方面

企业的竞争能力是指企业与其他参与竞争的企业之间的实力对比，这种实力可以以企业产品在品种、质量、价格和服务等方面具体表现能力的强弱进行衡量。对企业竞争能力的分析，具体体现在产品竞争能力分析、产品市场占有情况分析和企业竞争策略分析三个方面。

（1）产品竞争能力分析

产品竞争能力分析包括产品品种的竞争能力分析、产品质量的竞争能力分析、产品价格的竞争能力分析和产品售后服务的竞争能力分析。

① 产品品种的竞争能力分析　企业要根据市场的变化和新技术的发展，不断调整产品结构，积极改进老产品，开发新品种，才能使企业的产品保持持续竞争能力，在未来的市场竞争中立于不败之地。对产品品种的竞争能力分析，应从产品品种占有率和新品种开发这两方面着手。

a.产品品种占有率的分析。产品品种占有率是企业某产品在某市场范围内销售的品种、规格或花色数占该市场范围内销售的该种产品全部品种、规格或花色数的比率。该指标数值越高，说明企业生产和销售的品种、规格或花色满足社会需要的程度越高，竞争能力越强。

b. 新品种开发的分析。分析企业新产品的开发情况，首先要计算新产品的比重，即企业在报告期生产的新产品产值在总产值中所占的比重；其次要计算企业出售的新产品价值在某一市场范围内出售的该种新产品全部价值中所占的比重，以反映企业新产品在市场竞争中的地位。

② 产品质量的竞争能力分析　产品的质量可以概括为性能、寿命、安全性、可靠性、经济性和外观这六个方面。产品质量的优劣是产品有无竞争能力的首要条件。提高产品质量是提高企业竞争能力的主要手段。如果企业的产品质量不好，不仅会直接损害消费者的利益，而且也直接影响企业的信誉，影响产品的销路和市场的竞争能力，进而影响企业的发展能力。

分析企业产品质量的竞争能力就是将本企业产品的有关质量指标与国家标准、竞争对手、用户要求等分别进行对比，从而观察企业产品质量的水平与差距，对企业产品质量的竞争能力做出客观评价。

③ 产品价格的竞争能力分析　企业生产产品不仅要考虑到产品的质量和品种，还要考虑到消费者的经济承受能力。因此，价格也是企业重要的竞争手段之一。

企业如何自觉地运用价值规律，灵活定价，灵敏地适应复杂多变的市场需求，以物美价廉的产品占领市场，对企业的生存发展至关重要。

成本是价格的基础，产品的售价高于成本，企业才能盈利，反之，则亏本。因此，成本高低决定着企业价格竞争能力的大小。成本越低，出售产品的价格升降余地越大，竞争能力就越强。所以，分析企业在价格方面的竞争能力，就是通过与主要竞争对手或同行业成本最低的企业进行成本水平的对比分析，从而对本企业的价格竞争能力做出正确评价，并查找成本水平差距的原因，进而提出降低成本的有效对策，提高企业的价格竞争力。

④ 产品售后服务的竞争能力分析　售后服务的好坏直接影响企业的信誉，影响企业的产品销售。因此，强化服务质量，也是提高企业竞争能力的重要手段。销售服务是企业竞争能力的一个重要方面。强化销售服务，是密切企业与用户关系，提高企业声誉，扩大销售和占领市场，提高企业竞争能力的重要手段之一。强化销售服务，不仅要做好售前服务，而且要做好售后服务。售前服务是指在消费者购买之前的用户咨询、广告宣传等；售后服务主要指现场安装、设备调试、技术培训、备件供应、维护修理、代购代运等。

（2）产品市场占有情况分析

企业竞争能力综合表现在企业产品的市场占有情况，具体体现在市场占有率和市场覆盖率上。

① 市场占有率分析　市场占有率是指在一定时期、一定市场范围内，企业某种产品的销售量占市场上同种商品销售量的比重，它是反映企业市场占有情况的一个基本指标。

市场占有率可以用来说明企业竞争能力的强弱，但必须结合竞争对手进行对比分析。通过对比分析，可以看到本企业和竞争对手间的差距或优势，除此，还要进一步分析存在这些差距或优势的原因。此外，在对市场占有率进行分析时，需要考虑市场供求状况、竞争对手的实力和企业产品的竞争能力、生产规模等影响因素。

② 市场覆盖率分析　市场覆盖率是指本企业某种产品行销的地区数占同种产品行销地区总数的比率。它是反映企业市场占有状况的又一主要指标。

市场覆盖率也可以用来说明企业竞争能力的强弱，因此也必须结合竞争对手进行对比分析。通过计算和对比分析市场覆盖率，可以考察企业产品现在行销的地区，研究可能行销的地区，揭示产品行销不广的原因，有利于企业扩大竞争地域范围，开拓产品的新市场，提高企业的竞争能力。此外，在对市场覆盖率进行分析时，需要考虑不同地区的需求结构、经济发展水平、民族及风俗习惯、竞争对手的实力、企业产品的竞争能力以及地区经济封锁等影响因素。

（3）企业竞争策略分析

企业的竞争策略，是指企业根据市场的发展和竞争对手的情况制定的经营方针。企业的竞争能力能否得到正常或者最大限度的发挥，关键在于企业竞争策略的正确与否。

企业竞争策略可归纳为以优质取胜、以创新取胜、以价廉取胜、以快速交货取胜、以优质服务取胜、以信誉取胜等几个方面。

不同企业采取不同的发展策略：

① 内部优化型增长策略　内部优化型增长策略，即在现有资产规模的基础上，充分挖掘内部潜力，提高产品质量，扩大产品销售并采取积极的办法降低成本，这一类企业的发展能力反映在销售及净利润的增长上面，而资产规模及资本规模则保持稳定或缓慢增长，因而对这一类企业的发展能力分析应重点放在销售增长及资产使用效率的分析上。

② 外向规模增长策略　外向规模增长策略，即进行大量的收购活动，公司资产规模迅速增长，但短期内并不一定带来销售及净利润的迅速增长，对这一类企业的发展能力分析应重点放在资产或资本的增长上。

9.1.2.2　竞争成功关键因素

报表使用者在了解自身企业的基础上，还应该对不同行业的竞争成功关键因素加以了解，以便在日后调整企业战略，获取更加持久的竞争优势。

竞争成功关键因素是指影响企业在市场上盈利能力的主要因素，是企业在特定市场获利所必须拥有的技能、条件或资产。这些盈利能力的主要因素如产品价格优势、产品性能优势，或是一种资本结构和消费组合，或是企业纵向一体化的行业结构。

行业成功关键因素分析主要用来解决顾客选择产品的因素、企业竞争成功具备的资源和能力、企业获得持续竞争优势的因素等问题。成功企业一般在行业主要成功关键因素上都会保持竞争力，并且至少在一项因素上超群。不同行业的成功关键因素如表9-1所示。

表 9-1   行业成功关键因素的类型

行业类型	行业举例	成功关键因素
技术类行业	软件开发行业	科研专家、工艺创新能力、产品创新能力、在既定技术上的应用能力、网络营销能力
制造类行业	汽车、家电行业	生产成本低（获得规模经济、取得经验曲线效应）、生产能力利用率高、工人技能高、产品设计能力强
资源加工类行业	石油、煤炭、造纸	自然资源的控制能力、财务融资能力、成本控制能力
日用消费品制造行业	食品、饮料行业	品质管理、品牌建设、成本控制和销售网络
分销类行业	批发商、特约经销商	强大的批发网/特约经销商网络、公司控制的零售点、拥有自己的分销渠道和网点、低销售成本、快速配送
服务类行业	航空客运、旅游	有利的公司形象/声誉、总成本很低、便利的设施选址、礼貌的员工、融资能力

9.1.3　周期分析

企业的发展过程总是呈现出一定的周期性特征，处于不同周期的企业，虽然计算的发展能力分析指标相同，但却反映不同的发展能力。不同企业在企业周期的不同阶段所计算出的指标具有不同含义，因此，对企业发展能力进行分析时还需要结合对企业所处周期的判断与分析。

与企业相关的生命周期主要包括产品生命周期、企业生命周期及产业生命周期三种类型。其中产业生命周期一般由政府主导进行，企业个体一般仅开展对产品生命周期及企业生命周期的分析。

因为不同生命周期所具有的特点不同，通过对生命周期的分析，可以判断产品或企业所处的阶段，整体了解产品或企业的未来发展潜力，从而制定不同的发展计划。

（1）产品生命周期

产品生命周期是指产品在市场上的销售情况及获利能力随着时间的推移而从诞生、成长到成熟，最终走向衰亡的演变过程，通俗地讲，产品生命周期指的是产品的市场寿命。根据产品生命周期理论，每种产品的生命周期一般可以划分为四个阶段：投放期、成长期、成熟期和衰退期。伴随产品的整个生命周期，销售额及利润额的变化表现为类似 S 形的曲线。

① 投放期。新产品研发成功，投入正常生产，便进入了投放期。此时，消费者对产品还不了解，只有少数追求新奇的顾客可能购买，因此，该阶段销售规模较小，销售量相对较低。企业为了扩展销路，需要投入大量销售费用，对产品进行宣传，因而个别产品的销售费用不断上升。同时由于技术方面的原因，产品不能大批量生产，因而成本高，产品销售额增长缓慢，甚至有些企业可能会出现亏损。产品质量等也待进一步提高和完善。

② 成长期。当产品在投入期的销售取得成功以后，便进入成长期，这时消费者对产品已较为熟悉，购买量逐渐增加，企业生产和销售规模不断扩大。此时产品已经具备大批量生产的条件，因而生产成本相对降低，销售额和利润额增长迅速。此时，行业中的其他竞争者看到销售前景，也将纷纷进入市场参与竞争，促使同类产品供给量增加，价格随之下降，企业利润增长速度逐步减慢，最后达到生命周期利润的最高点。

③ 成熟期。产品经历成长期后，市场需求趋向饱和，潜在的消费者逐渐减少，销售额趋于稳定并增长缓慢。此阶段，竞争逐渐加剧，产品售价随之降低，促销费用增加，企业利润呈现缓慢下降趋势。

④ 衰退期。新产品或替代品出现，使消费者注意力转向其他产品，旧产品的销售市场开始萎缩，销售增长放缓，并出现负增长，此时产品销售额呈现递减趋势，直至产品消亡，退出市场。但在衰退期出现后，有些企业会通过新的研发与改进，使产品更新换代，新一轮产品生命周期又即将开始。

（2）企业生命周期

企业生命周期，是企业发展与成长的动态轨迹。与产品生命周期类似，一般将企业生命周期划分为初创期、成长期、成熟期和衰退期四个阶段。

一般来说，在一个企业中，不同部门可能处于企业生命周期的不同阶段。判断企业所处的生命周期，也必须依据企业在大多数时间的行为进行分析。在企业生命周期的分析与判断过程中，可能会发现一个企业融合了几个阶段的特征。例如，一个处于初创期的企业有时会表现出成长期的特征，有时又会表现出衰退阶段的特征，这是企业生命周期的正常现象。健康企业的生命周期曲线一般呈正常的钟形分布，也就是说有时其行为还处于生命周期的上一阶段，而它的有些行为又与企业生命周期的下一阶段的特征相吻合，但是它的绝大部分行为却表现出企业在生命周期曲线上目前所处位置的特征，这些特征正是进行企业生命周期分析与判断的主要依据。

9.1.4　综合指标分析

企业发展能力分析是企业财务分析的一个重要方面。企业发展能力是指企业在正常经营活动中所具有的发展能力，对企业发展能力的分析主要是评价企业正常活动所具有的成长性等情况。

（1）企业发展能力分析的角度

可以从经营角度和财务角度分别对企业发展能力进行分析。

① 从经营角度看，企业的资产规模和销售能力都对企业发展能力具有重要影响，因此可以将发展能力分析分为对资产规模增长的分析和销售增长的分析，所涉及的指标主要包括资产增长率和销售增长率。

② 从财务角度看，企业发展的结果体现为利润、股利和净资产的增长，因此对企业财务发展能力分析可以分为对利润增长的分析、股利增长的分析和净资产规模增长的分析，所涉及的指标主要包括利润增长率、股利增长率、净资产增长率和可持续增长率。

（2）企业发展能力的分析思路

一般来说对企业发展能力的分析思路可以分为四步：

① 分别计算资产增长率、销售增长率、利润增长率、股利增长率、净资产增长率等指标的实际值。

② 分别将上述增长率指标的实际值与历史数据、同行业平均值进行比较，分析企业在资产、销售、利润、股利及净资产等方面的发展能力。

③ 比较资产增长率、销售增长率、利润增长率、股利增长率及净资产增长率等指标之间的关系，判断不同方面增长的效益性以及它们之间的协调性。

④ 根据以上分析结果，运用一定的分析标准，判断企业的整体发展能力。

（3）企业发展能力财务指标分析的注意事项

① 只有一个企业的资产增长率、销售增长率、利润增长率以及净资产增长率保持同步增长，且不低于行业平均水平时，才能判断这个企业具有较好的发展能力。

② 在运用财务指标进行发展能力分析时，要注重各指标之间的相互关系，否则将无法对企业的整体发展能力做出正确判断。

然而，根据现实中很多企业因成长过快而破产的事实来看，增长率达到最大化不一定代表企业价值最大化，增长并不是一件非要达到最大化不可的事情。在很多企业，保持适度的增长率，是非常必要的。总之，从财务角度看，企业的发展必须具有可持续性的特征，即在不耗尽财务资源的情况下，企业财务具有增长的最大可能。

③ 在利用财务指标对企业的发展能力进行综合分析时，不应忽略企业竞争能力和生命周期对发展能力的影响。

因此，发展能力分析需要综合指标分析、竞争力分析和生命周期分析这三个方面，以便对企业的整体发展能力做出客观而正确的判断。

9.1.5　企业发展七种情况

企业的发展是通过自身积累的资金和从外部筹集来的资金，组织企业的生产经营活动，通过扩大市场销售及生产规模等经营活动，形成企业的发展趋势。

总的来说，可以将企业发展分为以下七种情况：

（1）平衡发展

平衡发展也可称为稳步发展，主要表现为企业营业收入增长率高于通货膨胀率，企业销售利润能够支付管理费用、财务费用、流动资金需求并有盈余用于企业发展投资，企业资金结构合理，财务费用不超过一定标准。

（2）过快发展

过快发展即营业额增长很快，存货和应收账款也相应增长，且存货及应收账款的增长比营业额快，导致企业运营资金需求增加，但企业却没有足够的资金来源来满足资金需求的增长，从而引起企业现金支付困难。

（3）失控发展

失控发展即市场需求增长很快，企业预期增长将持续，因而企业通过借款来支持这种增长，营运资金为负。在这种情况下，一旦市场需求减少，因生产能力已经扩大，固定费用支出增加，企业却发生销售困难，资金结构极不合理且难以转变，造成发展的失控。

（4）周期性发展

企业发展随经济周期的变化而变化，在经济扩张时期发展很快，盈利较好，在需求不足时期，盈利下降，发展缓慢。这种企业的投资应以长期发展趋势来定，避免因企业固定费用增加而陷入困境。

（5）负债发展

企业盈利很低，却决定大量举债投资，营运资金为正，营运资金需求也大量增加，但企业利润增长缓慢，这是不平衡的冒险发展。此时，企业自我发展能力很低，却有大量借款。

（6）低速发展

企业盈利率较低，没有新增生产能力，也没有新产品进入市场，企业投资已经收回，流动资产和流动负债均没有增长。这些企业对竞争很敏感，此时企业的投资与发展没有保障。

（7）慢速发展

企业主动投资减少，企业营业额增长放慢，但企业流动资产仍有增长。可能是企业产品竞争能力降低，也可能是企业盈利率降低，难以再投资。有一些企业往往在此时依靠增加对外投资来解决企业的发展问题。

识别企业所处的发展阶段或状态，有利于报表使用者对各项财务指标做出更准确的评价。

9.2　发展能力的指标

企业发展能力的主要指标包括：资产增长率、销售增长率、利润增长率、股利增长率、净资产增长率。当然仅用一年的指标是不能正确反映企业的发展能力的，因此应结合连续若干年的财务指标（例如资本积累率、资本保值增值率）进行比较分析，才能正确评价企业发展能力的持续性。

9.2.1　资产增长率

资产增长率是企业本年总资产增长额与年初资产总额的比率，其计算公式为：

$$资产增长率 = \frac{本年总资产增长额}{年初资产总额} \times 100\%$$

其中，本年总资产增长额是指本年资产年末余额与年初余额的差额。

资产增长率反映了企业本年度资产规模的增长情况，从企业资产规模扩张的角度衡量企业的发展能力。一般来说，资产增长率越高，说明企业资产规模增长速度越快，成长性比较好，企业的竞争力越强；若资产增长率为负，则说明本期资产规模在逐渐减少，成长性比较差。

在利用资产增长率指标进行成长能力分析时，需要注意以下两个方面的问题：

① 首先，资产增长率高并不意味着资产规模的增加是适当的，也可能存在资产规模的不正常增长。

② 其次，除了关注资产增长率之外，还应关注企业资产增长的来源和内容，并注重分析不同时期资产增长率的变化。

9.2.2　销售增长率

销售增长率是企业本年营业收入增长额与上年营业收入总额的比率，其计算公式为：

$$销售增长率＝\frac{本年营业收入增长额}{上年营业收入总额}\times100\%$$

其中，本年营业收入增长额是指本年营业收入总额与上年营业收入总额的差额。

销售增长率反映了企业营业收入的变化情况，是评价企业成长性和市场竞争力的重要指标。销售增长率大于零，表示企业本年营业收入相比去年有所增加；反之，表示营业收入相比去年有所减少。该比率越高，说明企业营业收入的成长性越好，企业发展能力越强。

在利用销售增长率指标进行成长能力分析时，还需要注意以下几个方面的问题：

① 要关注企业的销售增长是否具有效益性，即利用资产创造收入时，是否存在资源浪费的现象，是否完全依赖投入资产而创造收入。

② 需要将不同期间的销售收入增长额和增长率进行比较和分析，以排除偶然因素。

③ 要分析销售收入的内部结构，通过分析各项具体产品的销售增长率指标，可以更好地反映企业销售收入的增长率。某一具体产品的销售增长率可以用该产品本期销售收入增加额除以该产品上期销售收入额得到。

另外，销售增长率可能受到销售短期波动的影响，为了消除企业某一年营业收入特别大或特别小对销售增长率指标计算的影响，并反映企业较长时期的销售收入增长情况，可以计算多年的销售收入平均增长率，实务中一般计算三年销售平均增长率。

三年销售平均增长率是企业营业收入连续三年的平均增长情况，体现企业的发展潜力，其计算公式为：

$$三年销售平均增长率＝\left(\sqrt[3]{\frac{本年营业收入总额}{三年前营业收入总额}}-1\right)\times100\%$$

三年销售平均增长率指标反映了企业销售的增长趋势和稳定程度，较好地体现了企业的发展状况和发展能力，可以避免因少数年份营业收入异常而导致的对企业发展潜力的错误判断。

9.2.3 利润增长率

利润增长率是指企业本年利润总额增长额与上年利润总额的比率，其计算公式为：

$$利润增长率 = \frac{本年利润总额增长额}{上年利润总额} \times 100\%$$

其中，本年利润总额增长额是指本年利润总额与上年利润总额的差额。

利润增长率反映了企业盈利能力的变化。利润增长率越高，说明企业的成长性越好，发展能力越强。根据分析的需要，也可以将公式中的利润总额以净利润或营业利润、主营业务利润等不同的利润指标进行替代。

在利用利润增长率进行分析时，应注意与销售增长率相结合进行分析。一个企业如果营业收入增长，但利润并未增长，那么从长远看，它并没有创造经济价值。同样，一个企业如果利润增长，但营业收入并未增长，说明其利润增长的基础并非来自企业的正常经营业务，这样的增长是不能持续的，因而也会随着时间的推移而消失，企业的持续发展能力不强。

9.2.4 股利增长率

对于上市公司，也可以用股利的增长情况来衡量企业的发展能力。股利增长率是本年每股股利增长额与上年每股股利的比率，其计算公式为：

$$股利增长率 = \frac{本年每股股利增长额}{上年每股股利} \times 100\%$$

股利增长率反映了企业发放股利的增长情况，是衡量企业发展性的一个重要指标。对于股份有限公司而言，股利增长率与企业价值有非常密切的关系，证券估价模型中的戈登模型便是把股票的价值与下一时期的预期股利、股票的要求收益率和预期股利增长率联系起来，其计算公式为：

$$股票价值 = \frac{下一年预计每股股利}{投资者要求的股东权益报酬率 - 股利增长率}$$

由此可见，股利增长率越高，企业股票的价值也就越高，反之，股票价值也就越低。因此，股利增长率是投资者衡量企业股票价值的重要指标。

9.2.5 净资产增长率

净资产增长率，又称股权资本增长率或资本积累率，是指企业本年所有者权益增长额与年初所有者权益总额的比率，其计算公式为：

$$净资产增长率 = \frac{本年所有者权益增长额}{年初所有者权益总额} \times 100\%$$

其中，本年所有者权益增长额是指本年所有者权益年末余额与年初余额的差额。

净资产增长率反映了企业当年所有者权益的变化水平，体现了企业资本的积累能力，是评价企业发展潜力的重要财务指标。净资产增长率越高，说明企业资本积累能力越强，企业的发展能力越好。

当企业不依靠外部筹资，仅通过自身的盈利积累实现增长的情况下，所有者权益的增长额仅来源于企业的留用利润，这种情况下企业的净资产增长率又可成为可持续增长率。可持续增长率可以反映企业的内生性成长能力，主要取决于净资产收益率和留存收益率两个因素，其计算公式为：

$$
\begin{aligned}
可持续增长率 &= \frac{净利润 \times 留存收益率}{年初所有者权益总额} \times 100\% \\
&= 净资产收益率 \times 留存收益率 \\
&= 净资产收益率 \times (1 - 股利支付率)
\end{aligned}
$$

可持续增长率反映了企业在保持目前经营成果和财务状况的前提下，所有者权益能够增长的速度。可持续增长率越高，说明企业未来利润和所有者权益的增长速度越快；反之，可持续增长率越低，说明企业未来利润和所有者权益的增长速度越慢。

9.2.6 资本积累率

资本积累率也称所有者权益增长率，是企业某年所有者权益增加额与年初所有者权益总额的比值，其计算公式为：

$$资本积累率 = \frac{本年所有者权益增加额}{年初所有者权益总额} \times 100\%$$

资本积累率表示企业当年资本的积累能力，是企业发展强盛的标志，也是企业扩大再生产的源泉，展示了企业的发展潜力，因此被看做评价企业发展潜力的重要指标。该指标若大于零，则指标越高，表明企业的资本积累越多，企业资本保全性越强，应付风险、持续发展的能力越大。该指标若为负值，则表明企业资本受到侵蚀，所有者利益受到损害，应予以充分重视。在分析评价资本积累率时，应注意本期与上期权益资本变动的偶然性因素，特别是实收资本或股本变动对资本积累率带来的影响。

9.2.7　资本保值增值率

资本保值增值率是扣除客观因素后的年末所有者权益总额与年初所有者权益总额的比率，其计算公式为：

$$资本保值增值率=\frac{扣除客观因素后的年末所有者权益总额}{年初所有者权益总额}\times100\%$$

该指标反映了投资者投入企业资本的保全性和增长性，该指标越高，表明企业的资本保全状况越好，所有者的权益增长越好，债权人的债务越有保障，企业发展后劲越强。一般情况下，资本保值增值率大于1，表明所有者权益增加，企业增值能力较强。

在利用资本保值增值率进行分析时，需要注意以下几个问题：

① 资本保值增值率的计算必须提出投资者投入引起的所有者权益增加的部分。如果当期投资者投入新的资金导致年末所有者权益总额增加，同样会导致资本保值增值率的上升，但是这种上升并没有获得增值利润。

② 考虑通货膨胀因素，由于通货膨胀的存在，即使资本保值增值率大于1，企业仍有可能存在亏损情况，因此，在实际分析时，应考虑通货膨胀因素对其的影响，持有谨慎态度，不能盲目乐观。

③ 分析时还应注意资金时间价值的影响。由于期末所有者权益与期初所有者权益进行比较，两者所处的时点不同，缺乏时间上的相关性，如果分析周期较长，这种时间价值的影响就是不可忽略的。

9.3　案例解读：分析企业竞争能力

9.3.1　案例描述

JZ 公司是一家食品制造及销售企业，以饼干糕点生产和销售为主。自公司成立以来，发展较为稳定，在行业市场中也占据一定位置。公司销售部门想通过对企业竞争能力的分析，了解公司的发展能力，更好地提高企业的盈利能力。JZ 公司在行业中的主要竞争对手为甲、乙两家公司，各公司的市场占有率如表 9-2 所示。

表 9-2　饼干糕点行业市场占有率

项目	JZ 公司	甲公司	乙公司	其他
市场占有率 /%	25.50	23.80	35.70	15

9.3.2　案例要求

根据以上财务数据，对公司的竞争能力进行分析。

9.3.3　案例分析

根据以上财务数据，仅能从市场占有率的角度对企业竞争能力进行分析。JZ 公司在饼干糕点行业的市场占有率为 25.50%，位列行业第二，高于主要竞争对手甲公司（23.80%），但与乙公司（35.70%）相比，仍有继续提高的空间。

在实际工作中，由于情况复杂，行业与行业之间的差别较大，分析过程所涉及的细节可能会更具行业特色。但是为了更加全面地进行评价，总体来说可以从以下几个方面进行考虑：

① 从企业内部产品角度出发，分别从品种、质量、价格、售后服务等方面对公司的产品竞争能力展开分析，寻找产品突破口。

② 在了解企业内部产品竞争的基础上，应该结合市场数据，对产品的市场占有情况进行分析，主要涉及产品市场占有率和市场覆盖率。

③ 要进行企业的竞争策略分析。

竞争能力的分析，需要收集大量的企业财务和市场数据，是一项十分烦琐并复杂的工作，但却十分关键。通过企业竞争能力分析，可以对企业的总体竞争能力在本地区、同行业中的位置做出正确评价，从而对企业未来的发展能力做出合理的分析和评价。

9.4　案例解读：分析企业周期

9.4.1　案例描述

ZQ 公司主要生产甲、乙两种产品，公司销售部门想要通过财务分析了解甲产品的销售增长情况，并预测未来的发展状况，以决定接下来的销售及产品竞争策略。公司近四年的销售收入情况如表9-3所示。

表9-3　ZQ公司近四年产品销售数据　　　　　　　　单位：万元

项目	2023年	2022年	2021年	2020年
营业收入	1 888	1 620	1 250	820
其中：甲产品	1 380	928	675	540

9.4.2　案例要求

根据以上财务数据（表9-3），对公司产品的生命周期进行分析。

9.4.3　案例分析

根据以上财务数据，可对ZQ公司产品生命周期进行分析的步骤如下：

（1）了解常用的产品生命周期分析与判断方法

① 直接参考法。它是直接参考国外或其他地区同类产品的生命周期来确定本企业产品所处生命周期阶段的一种方法。这种方法建立在个别产品生命周期与产业生命周期具有一致性的假设基础之上，优点是比较简单、分析成本较低，缺陷在于外部数据很难获得，分析的准确性也较低。

② 指标分析法。它是通过计算与产品生命周期密切相关的几个经济指标来推断产品生命周期的一种方法。例如可根据销售增长的情况来判断。据统计，市场销售增长率与产品生命周期的对应关系是：市场销售增长率大于10%处于成长期，在1%～10%处于成熟期，小于零则认为已进入衰退期。也可以通过估计产品的使用用户数来判断：用户数在0.1%～5%为开发期；6%～50%为成长期；51%～75%为成熟期；76%～90%为饱和期。

③ 直观判断法。这是根据与产品生命周期密切相关的情况和指标直接判断产品所处周期阶段的一种方法。例如根据销售状况判断，销售递增通常为成长期，产品畅销、销量波动不大通常为成熟期，销售量递减为衰退期。

（2）计算甲产品的销售增长率

$$销售增长率 = \frac{本年甲产品营业收入增长额}{上年甲产品营业收入总额} \times 100\%，经计算，甲产品的销售$$

增长率如表 9-4 所示。

表 9-4　甲产品近四年销售增长率

项目	2023 年	2022 年	2021 年	2020 年
甲产品营业收入增长额 / 万元	452	253	135	—
甲产品销售增长率 /%	48.71	37.48	25.00	—

从表 9-4 计算结果分析，甲产品连续三年的销售增长率都维持在 10% 以上，且呈逐年提升的趋势，说明甲产品正处于成长期，销售潜力较大。但未来需要注意的是，行业中的其他竞争者看到销售前景，也可能会进入市场参与竞争，促使同类产品供给量增加，价格随之下降，企业利润增长速度逐步减慢，最后达到生命周期利润的最高点，而后如果不进行产品调整或升级，产品就会进入成熟期，此时市场需求趋向饱和，潜在的消费者逐渐减少，销售额趋于稳定并增长缓慢。在成熟期，竞争逐渐加剧，产品售价随之降低，促销费用增加，企业利润会呈现缓慢下降趋势。

9.5　案例解读：分析企业发展能力项目

9.5.1　案例描述

FZ 公司是一家较为不错的家电企业，主要从事大型家用电器制造业务。该公司建厂发展至今，财务状况一直较为良好。现有一知名企业想对 FZ 公司进行投资，企业投资分析人员需要通过指标分析了解该公司目前的经营状况并预测未来发展能力。公司近四年的财务数据如表 9-5 所示。

表 9-5　FZ 公司近四年财务数据　　　　　　　　　　　　单位：万元

项目	2023 年	2022 年	2021 年	2020 年
资产总额	3 103	2 207	1 649	1 369
所有者权益	1 915	1 343	988	797
营业收入	12 413	8 671	6 194	4 576
营业利润	1 866	1 298	913	674
净利润	1 293	873	550	398

9.5.2 案例要求

根据以上财务数据（表9-5），对公司发展能力进行分析。

9.5.3 案例分析

根据以上财务数据，可对 FZ 公司发展能力进行分析的步骤如下：

（1）计算 FZ 公司的资产增长率

2023 年资产增长率 =（3 103−2 207）÷2 207×100% = 40.60%，其他年份计算同理，如表9-6所示。

表 9-6　资产增长率表

项目	2023 年	2022 年	2021 年	2020 年
总资产增长额 / 万元	896	558	280	—
资产增长率 /%	40.60	33.84	20.45	—

从表 9-6 中可以看出公司 2020 年以来的资产增长一直保持较高的比率，说明该公司近几年资产规模在不断增长。但在分析时，也要注重增加资产质量的变化，而不能片面地推断资产规模的迅速扩张一定有利于企业未来的发展能力。

（2）计算 FZ 公司的销售增长率

2023 年销售增长率 =（12 413−8 671）÷8 671×100% = 43.16%，其他年份计算同理，如表9-7所示。

表 9-7　销售增长率表

项目	2023 年	2022 年	2021 年	2020 年
销售增长额 / 万元	3 742	2 477	1 618	—
销售增长率 /%	43.16	39.99	35.36	—

从表 9-7 中可以看出公司 2020 年以来销售增长一直保持较高的比率，且呈上升趋势，说明公司的销售具备良好的增长趋势。同时近几年的销售增长率都分别高于当年的资产增长率，体现了较好的成长性。

在实际分析时，应结合企业历年的销售水平、企业市场占有情况、行业未来发展及其他影响企业发展的潜在因素进行潜在性预测，或者结合企业前三年的销售收入增长率做出趋势性分析判断。同时在分析过程中要确定比较的标准，因为单独的一个发展能力指标并不能说明所有的问题，只有对企业之间或企业各年度之间进行比较才有意义，在比较中可分别以其他类似的企业、本企业历史最高水平及行业平均水平等作为比较标准。

假如本年度是2023年，则三年前营业收入总额是指2020年企业营业收入总额。

计算FZ公司的三年销售平均增长率指标。

$$三年销售平均增长率 = \left(\sqrt[3]{\frac{12\,413}{4\,576}} - 1 \right) \times 100\% = 39.46\%$$

（3）计算FZ公司的利润增长率

2023年营业利润增长率＝（1 866-1 298）÷1 298×100%＝43.76%，其他年份计算同理，如表9-8所示。

表9-8　利润增长率表

项目	2023年	2022年	2021年	2020年
营业利润增长额/万元	568	385	239	—
营业利润增长率/%	43.76	42.17	35.46	—

从表9-8中可以看出公司2020年以来营业利润增长率呈现稳定上升趋势，且均高于销售增长率，说明公司营业收入的增长超过营业成本、各项税费、期间费用等成本费用的增加，成本费用控制较好，体现出较强的发展能力。

（4）计算FZ公司的净资产增长率

2023年净资产增长率＝（1 915-1 343）÷1 343×100%＝42.59%，其他年份计算同理，如表9-9所示。

表9-9　净资产增长率表

项目	2023年	2022年	2021年	2020年
净资产增长额/万元	572	355	191	—
净资产增长率/%	42.59	35.93	23.96	—

从表9-9中可以看出公司2020年以来所有者权益一直在增加，同时可以看出公司近几年的净利润增长率一直高于当年的净资产增长率，说明公司所有者权益的增长主要来自企业生产经营活动所创造的利润，因而具有较好的发展能力。

第10章

企业财务综合评价与分析

▼

· 财务报表综合分析法是把企业财务指标和影响企业财务状况的各种因素都有序地排列在一起,综合地分析企业财务状况和经营成果的一种方法。对任何单一指标、单一因素进行分析,都不能全面评价企业的财务状况及其发展变动趋势必须进行综合分析,才能对企业财务状况作出全面、系统的评价。

10.1 杜邦分析法

杜邦分析法是常见的财务报表综合分析法。它是利用几种主要财务指标之间的内在联系，对企业财务状况及经济效益进行综合分析评价的一种综合财务分析方法。由于这种分析法由美国著名的化学制品生产商杜邦公司首先使用，故称杜邦财务分析体系。

10.1.1 杜邦分析法的内容和作用

（1）杜邦分析法的内容

杜邦分析法具体的方法是将企业的财务活动看作是一个大系统，把系统内的相互依存、相互作用的各项财务指标间的关系制成杜邦分析图。

杜邦分析法是在杜邦分析体系内，将若干个用以评价企业经营效率和财务状况的比率，按其内在联系有机地结合起来，形成一个完整的指标体系，并最终通过所有者权益报酬率（即净资产收益率）来进行综合反映。对于企业来说，要实现股东财富最大化的目标，需要对股东财富予以量化，而所有者权益报酬率体现了所有者（股东）投资的回报情况，是度量股东财务增长的基本财务指标。

（2）杜邦财务分析体系的作用

① 净资产收益率是一个综合性极强的财务比率，是杜邦财务分析系统的核心。

② 资产报酬率是影响净资产收益率最重要的指标，综合性也较强。

③ 营业净利率（即销售净利率）反映了企业净利润与营业收入的关系。

④ 资产周转率反映了企业资产占用与营业收入之间的关系，揭示出企业资产实现营业收入的综合能力。

⑤ 权益乘数对净资产收益率有倍数的影响。

10.1.2 杜邦分析体系的指标关系

杜邦分析体系中主要的财务指标关系为：

$$净资产报酬率＝总资产报酬率 × 权益乘数$$
$$总资产报酬率＝营业净利率 × 总资产周转率$$

$$净资产报酬率＝营业净利率 × 总资产周转率 × 权益乘数$$

（1）营业净利率

营业净利率反映净利润与营业收入之间的关系，这种关系可以表述为：

$$营业净利率＝净利润 ÷ 营业收入$$

（2）权益乘数

权益乘数是所有者权益率的倒数，即资产除以所有者权益，它通常表示企业的负债程度，权益乘数越大，表明企业的负债程度越高。该指标反映了其与资产负债率之间的关系，这种关系可以表述为：

$$权益乘数＝ 1÷(1-资产负债率)$$

（3）总资产周转率

总资产周转率与营业收入及资产平均总额之间的关系可以表述为：

$$总资产周转率＝营业收入 ÷ 资产平均总额$$

10.1.3　杜邦分析体系图

杜邦分析体系图（如图 10-1 所示）通过几种主要的财务比率之间的相互关系，全面、系统、直观地反映出企业的整体财务状况，从而节省了财务分析人员分析报表的时间。

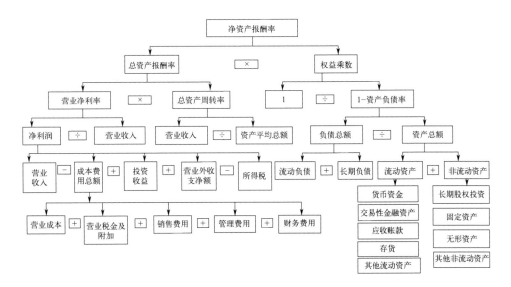

图 10-1　杜邦分析体系图

10.2 案例解读：杜邦财务分析法的运用

10.2.1 案例描述

CM 公司 2022 年的销售收入为 6 2500 万元，比去年提高 28%，有关的财务比率表如表 10-1 所示。

表 10-1 CM 公司财务比率表

财务比率	行业平均	2021 年本公司	2022 年本公司
应收账款回收期 / 天	35	36	36
存货周转率 / 次	2.5	2.59	2.11
销售毛利率 /%	38	40	40
销售营业利润率 /%	10	9.6	10.63
销售利润率 /%	3.73	2.4	3.82
销售净利率 /%	6.27	7.2	6.81
总资产周转率 / 次	1.14	1.11	1.07
固定资产周转率 / 次	1.4	2.02	1.82
资产负债率 /%	58	50	61.3
已获利息倍数	2.68	4	2.78

10.2.2 案例要求

对 CM 公司的整体财务状况和效益的好坏进行分析和评价。

10.2.3 案例分析

根据以上财务数据（表 10-1），可对 CM 公司整体财务状况和效益的好坏进行分析和评价的步骤如下：

表 10-1 中的财务比率，涉及了偿债能力、营运能力和盈利能力的指标，这些指标之间相互影响，因此，对 CM 公司整体财务状况和效益的好坏进行分析和评价，应采用综合评价方法——杜邦财务分析体系，可以全面地描述出这些财务比率变动的情况。

（1）和 2021 年比较

2021 年净资产收益率＝7.2%×1.11×1÷（1-50%）＝15.98%

2022 年净资产收益率＝6.81%×1.07×1÷（1-61.3%）＝18.83%

行业平均净资产收益率＝6.27%×1.14×1÷（1-58%）＝17.02%

2022 年较 2021 年有小幅度增长，说明 CM 公司企业整体盈利能力提高。

销售净利率比 2021 年低 0.39%（6.81%-7.2%），原因是销售利润率上升了 1.42%（3.82%-2.4%），总资产周转率、固定资产周转率和存货周转率下降，权益乘数增加，原因是负债增加。

（2）和同行业比较

销售净利率高于同行业水平 0.54%（6.81%-6.27%），毛利率高 2%（40%-38%），销售利润率较同行业高 0.09%（3.82% -3.73%）；总资产周转率低于同行业平均水平 0.07 次（1.07-1.14），应收账款回收较慢，权益乘数低于同行业平均水平。

参考文献

[1] 白羽. 财务报表编制详解与数据解读. 上海：立信会计出版社，2020.

[2] 张新民. 中小企业财务报表分析. 北京：中国人民大学出版社，2022.

[3] 许拯声. 财务报表分析. 4 版. 北京：北京交通大学出版社，2022.

[4] 何永江. 财务报表分析. 天津：南开大学出版社，2022.